OBJETIVISMO

INTRODUÇÃO À EPISTEMOLOGIA
E TEORIA DOS CONCEITOS

AYN RAND

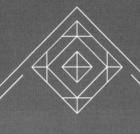

OBJETIVISMO

INTRODUÇÃO À EPISTEMOLOGIA
E TEORIA DOS CONCEITOS

AYN RAND

Tradutor: Vinícius Rocha

2ª Edição

São Paulo | 2022

Título original: *Introduction to Objectivist Epistemology*

Copyright © 1966, 1967, by The Objectivist, Inc.
Copyrigth de tradução © LVM Editora

Os direitos desta edição pertencem à LVM Editora, sediada na
Rua Leopoldo Couto de Magalhães Júnior, 1098, Cj. 46
04.542-001 • São Paulo, SP, Brasil
Telefax: 55 (11) 3704-3782
contato@lvmeditora.com.br

Gerente Editorial | Chiara di Axox
Editor-chefe | Pedro Henrique Alves
Tradutor(a) | Vinícius Rocha
Copidesque | Chiara di Axox
Preparação dos originais | Pedro Henrique Alves & Mariana Diniz Lion
Produção editorial | Pedro Henrique Alves
Revisão ortográfica e gramatical | Mariana Diniz Lion
Elaboração do índice | Mariana Diniz Lion
Projeto gráfico | Mariangela Ghizellini
Diagramação | Rogério Salgado / Spress

Impresso no Brasil, 2022
Dados Internacionais de Catalogação na Publicação (CIP)
Angélica Ilacqua CRB-8/7057

R152o   Rand, Ayn
       Objetivismo : introdução a epistemologia e a teoria dos conceitos / Ayn Rand ;
    tradução de Vinicius Rocha. – 2. ed. - São Paulo : LVM Editora, 2022.
    200 p.

    ISBN 978-65-5052-043-4
    Título original: Introduction to Objectivist Epistemology

    1. Filosofia 2. Teoria do conhecimento 3. Objetivismo (Filosofia) I. Título
    II. Rocha, Vinicius

22-4807   CDD 121

Índices para catálogo sistemático:
1. Conhecimento, Teoria do

Reservados todos os direitos desta obra.
Proibida a reprodução integral desta edição por qualquer meio ou forma, seja eletrônica
ou mecânica, fotocópia, gravação ou qualquer outro meio sem a permissão expressa do
editor. A reprodução parcial é permitida, desde que citada a fonte.
Esta editora se empenhou em contatar os responsáveis pelos direitos autorais de todas
as imagens e de outros materiais utilizados neste livro. Se porventura for constatada a
omissão involuntária na identificação de algum deles, dispomo-nos a efetuar, futuramente, as devidas correções.

COMO SABEMOS O QUE SABEMOS?

Esse é o problema tratado pela epistemologia – e sobre a solução desse problema todos os outros aspectos da filosofia devem repousar. Pois até sabermos *como* sabemos, não podemos ter certeza *do que* sabemos. E se não pudermos saber de nada com certeza, nossa capacidade de raciocinar, escolher e agir será subvertida até a raiz. Em um mundo envenenado pelas doutrinas do irracionalismo, um mundo aflito por uma sensação de desamparo e desespero, uma *Introdução à Epistemologia do Objetivismo*[1] serve como um antídoto valiosíssimo. Aqui está a fundação de um sistema de pensamentos – e uma visão do potencial humano – que nos devolve do terreno sombrio da paralisia intelectual e desespero ao mundo real de força individual e mente eficaz.

---

[1] Referência direta ao título original da obra: *Introduction to objectivist epistemology*, que nesta edição traduzida optamos por intitular: *Objetivismo: introdução à epistemologia e teoria dos conceitos*. (N. E.)

SUMÁRIO

Introdução à Epistemologia do Objetivismo
Ayn Rand
- 9 -

Introdução à Edição Brasileira
Dennys Xavier
- 13 -

Capítulo 1 | **Cognição e Mensuração**
- 33 -

Capítulo 2 | **Formação de Conceitos**
- 41 -

Capítulo 3 | **Abstração de Abstrações**
- 55 -

Capítulo 4 | **Conceitos de Consciência**
- 69 -

Capítulo 5 | **Definições**
- 85 -

Capítulo 6 | **Conceitos Axiomáticos**
- 105 -

Capítulo 7 | **O Papel Cognitivo dos Conceitos**
- 115 -

Capítulo 8 | **Consciência e Identidade**
- 133 -

Resumo Conceitual
- 143 -

Análise – Dicotomia Sintética
Leonard Peikoff
- 151 -

Índice Remissivo e Onomástico
- 191 -

INTRODUÇÃO À EPISTEMOLOGIA DO OBJETIVISMO[2]

AYN RAND

Esta série de artigos[3] é apresentada "por demanda popular". Recebemos tantos pedidos por informações sobre epistemologia objetivista, que eu decidi publicar uma síntese de um dos seus elementos cardinais: a teoria objetivista dos conceitos. Estes artigos podem ser considerados uma prévia do meu futuro livro sobre Objetivismo, e são fornecidos aqui como uma orientação para estudantes de filosofia.

O problema de conceitos (conhecidos como "o problema dos universais") é uma questão central da filosofia. Desde que o conhecimento humano é obtido e mantido em forma conceitual, a validade desse conhecimento depende da validade de conceitos. Contudo, conceitos são abstrações ou universais, e tudo o que o homem percebe é particular, concreto. Qual é a relação

---
[2] Este artigo foi publicado pela primeira vez no *Objectivist*, de julho de 1966 a fevereiro 1967.
[3] Cada artigo foi colocado como um capítulo deste livro. (N.E.)

entre abstratos e concretos? Ao que os conceitos se referem precisamente, na realidade? Eles se referem a algo real, algo que existe, ou eles são meramente invenções da mente humana, construtos arbitrários ou aproximações parcas que não podem alegar que representem conhecimento?

> Todo conhecimento está em termos de conceitos. Se esses conceitos correspondem a algo a ser encontrado na realidade, eles são reais, e o conhecimento do homem está fundado em fatos; se eles não correspondem a nada da realidade, então, eles não são reais e o conhecimento humano é mero fruto de sua própria imaginação[4].

Para exemplificar a questão como ela é apresentada normalmente: quando nos referimos a três pessoas como "homens", o quê designamos com esse termo? As três pessoas são três indivíduos que diferem de todas as formas possíveis e podem não possuir uma única característica *idêntica* (nem mesmo suas impressões digitais). Se você listar todas as suas características particulares, não encontrará nenhuma que represente "hombridade". Em que lugar está a "hombridade" nos homens? O que, na realidade, corresponde ao conceito de "homem" em nossa mente?

Na história da filosofia há, essencialmente, quatro escolas de pensamento sobre essa questão:

1. Os "realistas extremos", ou platonistas, que defendem a existência de abstrações como entidades reais, ou arquétipos de outra dimensão da realidade, e que as coisas concretas que percebemos são meramente seus reflexos imperfeitos e evocam as abstrações em nossa mente (de acordo com Platão [c. 428-348 a.C.], eles conseguem fazê-lo evocando a memória de

---

[4] MOORE, Edward C. *American Pragmatism: Peirce, James, Dr. Dewey.* Nova York: Columbia University Press, 1961, p. 27.

arquétipos que já conhecíamos antes de nascer, naquela outra dimensão).

2. Os "realistas moderados", cujo ancestral (infelizmente) é Aristóteles (384-322 a.C.), que defendem que as abstrações existem na realidade, mas que existem apenas *em* coisas concretas, na forma de *essências* metafísicas e que nossos conceitos se referem a essas essências.

3. Os "nominalistas", que defendem que todas as nossas ideias são apenas imagens de coisas concretas e que abstrações são meramente "nomes" que damos a grupos arbitrários de coisas concretas com base em vagas semelhanças.

4. Os "conceitualistas", que compartilham a visão dos nominalistas de que abstrações não têm base alguma na realidade, e que defendem que conceitos existem em nossas mentes como um tipo de ideias, não de imagens.

Há também a posição nominalista extrema, a moderna, que consiste em declarar que o problema é uma questão sem sentido, que "realidade" é um termo sem sentido, que nunca conseguiremos saber se nossos conceitos correspondem ou não a algo, que nosso conhecimento consiste em palavras – e que palavras são uma convenção social arbitrária.

Se, em vista de tais "soluções", o problema parecer esotérico, deixe-me lembrar-lhe que o destino das sociedades humanas, do conhecimento, da ciência do progresso e de toda vida humana, depende delas. O que está em jogo é a eficácia cognitiva da mente humana.

Como eu escrevi em *Para o Novo Intelectual* (1961):

> *Para* negar a mente humana, é o nível *conceitual* de sua consciência que precisa ser invalidado. Sob todas as complexidades tortuosas, contradições, equívocos e racionalizações da publicação – filosofia renascentista – a única linha consistente, o fundamental que explica o resto é: *um ataque organizado à faculdade concei-*

tual do homem. A maioria dos filósofos não pretende invalidar o conhecimento conceitual, mas seus defensores fizeram mais para destruí-lo do que seus inimigos. Eles foram incapazes de oferecer uma solução ao "problema dos universais", que é: definir a natureza e a fonte das abstrações, determinar a relação de conceitos com dados perceptuais e provar a validade da indução científica [...] Os filósofos foram incapazes de refutar a alegação do "curandeiro" de que os conceitos deles eram tão arbitrários quanto seus caprichos e que o conhecimento científico deles não tinha mais validação metafísica do que suas revelações.

Esses são os motivos pelos quais escolhi lhe apresentar à epistemologia objetivista por meio da minha teoria de conceitos. Eu intitulo este trabalho de "Introdução" porque a teoria é apresentada fora de seu contexto pleno. Por exemplo, eu não incluo aqui uma discussão sobre a validade dos sentidos humanos uma vez que os argumentos daqueles que atacam os sentidos são meras variantes da falácia do "conceito roubado".

Para os propósitos dessa série, a validade dos sentidos deve ser considerada legítima – e deve-se sempre lembrar o axioma: a *existência* existe (esse, a propósito, é um jeito de traduzir na forma de uma proposição e, portanto, na forma de um axioma, o fato primário que é a existência). Por favor, tenha em mente a declaração completa: "A existência existe e o ato de assimilar esta afirmação implica em dois axiomas corolários: de que algo existe, e alguém percebe, e que alguém existe em posse de consciência, sendo a consciência a faculdade de perceber que algo existe"[5].

Para a conveniência dos leitores, há um resumo dos capítulos na conclusão desta obra.

Ayn Rand
Nova York, julho de 1966

---

[5] Referência de *A Revolta de Atlas*. No Brasil temos a seguinte edição: RAND, Ayn. A Revolta de Atlas. São Paulo: Editora Arqueiro, 2012. (N. E.)

INTRODUÇÃO À EDIÇÃO BRASILEIRA

Dennys Xavier

> "Uma vida não investigada não é digna
> de ser vivida por um ser humano".
> *Apologia de Sócrates*, 38 a 56

Tão logo recebi o generoso convite para tecer algumas considerações introdutórias ao magnífico livro que agora o leitor tem diante de si, lembrei-me de um delicioso – e em tudo significativo – episódio que um meu professor da graduação me relatou em nossa primeira reunião científica. Dizia ele que antes mesmo de travar contato orientado com a obra de Immanuel Kant (1724-1804), resolveu, por conta própria, aventurar-se pela complexa arquitetônica de um clássico do autor, a sua célebre *Crítica da Razão Pura* (1781). Investiu na empreitada todo o seu período de recesso acadêmico e anotou linha a linha a obra, o que o deixou compreensivelmente satisfeito e orgulhoso – afinal de contas, é fácil supor não ser exatamente abundante o número daqueles que se propõem, em situação parecida, a enfrentar exercício intelectual assim desafiador e escrupuloso. Feliz por ter subjugado o texto, foi para a sua primeira aula com o semblante que só os grandes campeões de suas próprias causas conseguem ostentar. Claro, bastaram os primeiros minutos de colóquio com especialista no assunto para que aquele brilho no olhar se esvaísse, substituído por perplexidade temperada com alguma dose de desespero. Todas as anotações, as incontáveis horas dobrado sobre aquele mar de palavras... para nada! Sim, Kant, como qualquer outro filósofo digno do qualificativo, possui um léxico próprio, um dicionário *sui generis* do seu pensamento – aliás, diga-se de passagem, Kant foi literalmente dicionarizado ainda em vida! – e, sem um domínio elementar dessa rede terminológica técnica, acabamos por nos conduzir menos pela doutrina do pensador e mais por uma ficção ancorada em achismos e *pré-conceitos* sem qualquer liame efetivo com a sua obra. Meu professor diz ter jogado no lixo da própria sala de aula a versão por ele anotada da *Crítica da Razão Pura*. Começou tudo do zero, como toca a quem deseja efetivamente *saber* mais do que *acreditar saber*.

O que a pequena anedota tem a ver com este livro de Ayn Rand (1905-1982) é algo que pretendo aclarar no curso da minha exposição. Mas já posso adiantar que, exatamente por tê-lo em nossas mãos, sequer roçaremos a medida drástica do professor citado.

Vamos adiante.

Introdução à Edição Brasileira

Ayn Rand e Suas Ficções Filosóficas

Uma das notas distintivas da produção intelectual de Ayn Rand é o fato de ela ter desenhado o arcabouço do seu pensamento, ao menos, num duradouro primeiro momento, em linguagem ficcional, especialmente no interior de suas famosas distopias. De fato, a arte impregnava a vida, o olhar de Rand. Ainda muito jovem, apaixonada por peças de teatro e por filmes – já se preparando para ir para os Estados Unidos, o que aconteceu em fevereiro de 1926 – ela aproveitou seu percurso universitário para aprender técnicas de composição cinematográfica e de produção artística em geral. Poucos meses após ter chegado aos EUA, alugou um quarto no *Studio Club* de Hollywood, que fornecia moradia para jovens interessados na indústria do cinema, e foi logo ter com o célebre diretor Cecil B. DeMille (1881-1959) para iniciar sua carreira como roteirista, um sonho que alimentava há muito. Após tímido e tumultuado início, no qual trabalhou como garçonete, vendedora e até mesmo como figurinista, Rand finalmente conseguiu negociar os direitos de sua primeira história denominada *Red Pawn*, em 1932, quando passou a se dedicar exclusivamente à escrita. Não é o caso recompor aqui o elenco das ficções da autora, não faria nem mesmo sentido, mas devo sublinhar certo rumor filosófico de fundo que já se fazia sentir, ainda de forma intuitiva – ou, pelo menos, não conceitualmente organizada – já nas primeiras linhas compostas pela imaginação de Rand. Estamos, desde o início, diante de uma escritora de intelecto poderoso, articulado, com uma profunda capacidade de compreender elementos humanos caros a todos nós. Uma filósofa, sem sombra de dúvidas, mas, então, uma filósofa enredada em linguagem teatrográfica que exigia do leitor/espectador comum mais do que mero apreço estético, como também a habilidade – nada vulgar – de entrever ali a razão humana esgrimindo no ápice de sua forma; a razão a se opor aos fantasmas típicos de um mundo ameaçado pela estupidez do coletivismo em suas mais diferentes versões: ritos socialmente festejados, travestidos de boas intenções, capazes de colocar em xeque a sobrevivência do indivíduo tomado em si mesmo, como sujeito autointeressado e autodeterminado.

É isso: em suas teatrografias, em suas peças literárias, a filosofia de Ayn Rand está sempre em evidência, ainda que de modo difuso, polifônico ou criptografado. Neste contexto, joga papel decisivo a sua prosopografia: o exame da máscara dramática de cada personagem da obra (com base num pano de fundo ficcional) em função do que a nossa autora pretende comunicar explícita ou tacitamente. Ela porá na boca dos personagens aquilo que sua constituição cênica torna estruturalmente possível, nada mais. Estamos diante, então, de um duplo diálogo: (1) dos personagens entre si e (2) do texto com o leitor. Com a escolha do seu elenco, Ayn Rand determina, como costumam fazer os compositores modernos de música erudita, o *andamento* da obra que põe sob o escrutínio do leitor: cada parte estratégica e coerentemente pensada para o tecido da trama e da sua relação com um núcleo filosófico que, por sua vez, compõe o eixo de sustentação intelectual da sua arte.

O destino de Rand como filósofa não poderia mesmo ser diferente, ficou indissociavelmente ligado à sua expressão artístico-literária. Isso que, a princípio, poderia enfraquecer a projeção dos elementos estritamente filosóficos presentes ali, no entanto, parece ter causado efeito contrário. Sobre esse ponto, vale a pena ler um trecho da impressão de Murray Rothbard (1926-1995) – fundador do assim denominado "anarcocapitalismo" – após sua leitura de *A Revolta de Atlas* (1957)[6]:

---

6 A versão completa da carta pode ser encontrada em <https://objetivismo.com.br/artigo/rothbard-escreve-a-ayn-rand-sobre-a-revolta-de-atlas/>.

Introdução à Edição Brasileira

Em primeiro lugar, gostaria de dizer que escrevi exatamente "o que queria dizer"; não há exagero ou hipérbole nesta carta. Qualquer coisa menos que plena honestidade seria indigno de *A Revolta de Atlas*.

Terminei há pouco de ler o seu romance. Começo dizendo que todos nós do *Círculo Bastiat* estamos convencidos, e nos convencemos assim que iniciamos a leitura, de que *A Revolta de Atlas* é o maior romance já escrito. Essa é a nossa premissa inicial, e nela se baseiam as nossas discussões acerca do livro. Mas isso é apenas o começo. Essa afirmação simples, por si mesma, significa pouco para mim: sempre guardei certo desprezo pela forma romanesca, considerando o romance, na melhor das hipóteses, uma solução "água-com-açúcar" na divulgação sistemática de ideias entre as massas, que costumam ter dificuldade para levá-las em consideração. Um mês atrás, caso eu tivesse dito que um livro era "o maior romance já escrito", não teria sido um elogio grandioso.

Isto é, em poucas palavras, o que penso de *A Revolta de Atlas*: ele me fez não mais desprezar o romance. Sempre ouvi meus amigos literatos falarem sobre as "verdades" apresentadas pelos romances, sem, contudo, compreender o termo. Agora compreendo, mas apenas porque a senhora conduziu o formato romanesco a uma dimensão nova e mais elevada. Pela primeira vez, consolidou-se uma grande unidade entre princípio e sujeito, representando as pessoas e suas ações em perfeito acordo com seus princípios – e as consequências desses. Isso por si só é uma grande realização. A partir da unidade entre princípio e sujeito, emerge como corolário a unidade entre razão e emoção: e o leitor, ao compreender seu sistema filosófico por meio tanto do discurso como pelas ações das personagens, é acometido pela grandiosa emoção de uma percepção imediata e racional. Enquanto lia seu livro, a alegria que sentia era mediada pelo pesar por todas aquelas gerações de leitores de romances, pessoas como minha mãe, que em sua juventude leram Dostoiévski e Tolstói, e que avidamente buscaram por verdades que nunca de fato encontraram; lamentei por essas pessoas que não puderam ler *A Revolta de Atlas*. Nele, penso eu, estavam as verdades que eles procuravam. Nele, em *A Revolta de Atlas*, encontra-se a perfeição da forma romanesca. É agora uma forma que honro e admiro.

Rothbard dá voz ao que desejo evidenciar aqui, contra qualquer reação instintiva ou impensada do leitor de Rand: há uma vigorosa filosofia pulsando no "romance" da autora. Uma forma de compor que ultrapassa o terreno da estrita representação cênica e que se ampara num *corpus* especulativo/racional que dá vida aos acontecimentos narrados, projetando a obra para além daquele tipo de divertimento prosaico que tanto incomodava Rothbard e outros como ele. Rand não é escritora de romances vulgares, nem mesmo nos primeiros movimentos da sua pena, ainda em terreno soviético. Seria, com efeito, um erro divisar em suas ficções apenas uma filosofia circunstancial ou pouco elaborada. Há ali um conjunto de princípios que sobrevivem ao duro exame do tempo e que se renovam a cada nova crise civilizacional. Por certo, a exigência da sistematização conceitual, da construção cuidadosa de um léxico semanticamente preciso, de uma rede de identificação terminológica, cedo ou tarde se faria presente. E foi precisamente o que aconteceu.

Ayn Rand e a História da Filosofia

Antes de abordar a questão do léxico randiano, no entanto, devo registrar uma advertência de natureza metodológica: algo que talvez seja útil não apenas para compreendermos a nossa autora de modo mais preciso, mas também outros que,

Introdução à Edição Brasileira

como ela, dedicaram-se a perscrutar com profundidade as coisas humanas.

Um filósofo pode ser lido segundo duas abordagens hermenêuticas/interpretativas possíveis: ou (1) historicamente, ou (2) teoreticamente.

1. o historiador da filosofia tem (ou deve ter) um acordo metodológico consigo mesmo a propósito dos instrumentos críticos dos quais faz uso, das ferramentas que utiliza no seu trabalho. A ele toca reconstruir da maneira mais fidedigna possível os elementos compositivos da doutrina do pensador ao qual se dedica, independentemente de preferências pessoais ou de convicções subjetivas prévias (ou ao menos buscando reconhecer e refletir sobre eventual pré-compreensão). Quando estuda Heráclito (ca.540-470 a.C.), Platão, Tomás de Aquino (1225-1274), ou Jean-Paul Sartre (1905-1980), nada mais importa (ou deve importar) ao historiador do pensamento, a não ser extrair das fontes disponíveis aquilo que eles, filósofos, disseram, do modo como disseram, segundo suas próprias categorias conceituais e determinações temporais/culturais inarredáveis. Um historiador da filosofia não faz (ou não deve fazer) juízo de valor apriorístico. Trata-se, para dizê-lo de modo sobremaneira esquemático, de assumir uma postura científica, no sentido indicado por Thomas Kuhn (1922-1996), de tentar resolver o quebra-cabeças que se põe no seu horizonte, desenhando cada passo para que o quadro final faça sentido, ofereça-nos uma explicação adequada e uma colocação suficientemente clara, quando não de todas, mas da maior parte das peças postas em jogo;

2. outra coisa, substancialmente diversa, é a abordagem assim chamada teorética. Nela o estudioso não está focado na reconstrução histórica do seu objeto de pesquisa. Neste tipo de apro-

ximação ao texto do filósofo a intenção é bem outra: apropriar-se de pensamento já construído em função de uma visão própria, de uma construção subjetiva de nova rede conceitual. A abordagem teorética não é exatamente uma novidade. Surge já com Aristóteles (384-367 a.C.) em sua *Metafísica*, quando, ao propor uma breve história do pensamento que o antecedeu, evoca filosofias com o nítido escopo de propor uma formulação sua como a solução de problemas que aqueles que vieram antes não conseguiram resolver. Neste universo procedimental surgem, por exemplo, "o Platão de Hegel", "o Aristóteles de Arendt", "o Heráclito de Heidegger" e *così via*. Não devemos atribuir má-fé ao procedimento. É natural pensar que, num mundo de conceitos complexos, esse tipo de operação seja razoável, sobretudo como forma de celebrar a tradição, o empenho e a autoridade dos predecessores. O que não devemos fazer – e esse é um ponto fundamental – é, ingenuamente, tomar um filósofo "absorvido" por outra estrutura explicativa pelo filósofo historicamente compreendido. Em outras palavras, não seria prudente falar de Platão exclusivamente a partir do que Friedrich Hegel (1770-1831) diz dele, segundo recorte que interessa, antes de tudo, ao próprio Hegel e à sua filosofia. Se quero compreender um filósofo nele mesmo, preciso buscar com acribia as fontes primárias, o que ele mesmo disse (abordagem histórica), com instrumentos específicos, próprios desse tipo de operação exegética.

Dito isso, notem agora essa particularidade da reflexão de Rand. Numa carta endereçada a Isabel Paterson (1886-1961) – considerada por parte da crítica uma das três fundadoras da defesa das liberdades individuais nos EUA, ao lado da própria Ayn Rand e de Rose Wilder Lane (1886-1968) – a nossa autora declara estar estudando a *História da Filosofia* de B.A.G Fuller (1879-1956) e, ao mesmo tempo, as obras originais de Aristóteles, bem como "muitas outras coisas". Mas o motivo pelo qual o faz está descrito logo depois e joga luz preciosa sobre o que podemos esperar da teia conceitual que ela encontra naquelas leituras[7]:

> Eu não me importo com o que eles disseram – eu quero conhecer os motivos que os fizeram dizê-lo. Há um tipo assustador de racionalidade por trás das razões para os erros que cometeram, os propósitos que queriam alcançar e os resultados práticos que se seguiram na história.

Rand não quer ser uma historiadora da filosofia, uma professora preocupada em acumular erudição, uma polímata ou algo do gênero. Da história dos problemas filosóficos, das teorias filosóficas e das argumentações filosóficas ela pretende extrair as balizas que a farão compreender os fenômenos do seu tempo, como meios, como ferramentas, não como fins-em-si. Não anseie por conhecer Aristóteles, Kant ou Friedrich Nietzsche (1844-1900) pela mediação de Ayn Rand. Na melhor das hipóteses você poderá conhecer o "Aristóteles de Rand", o "Kant de Rand", ou o "Nietzsche de Rand", vale dizer, o modo segundo o qual a nossa filósofa absorveu e ressignificou/redefiniu aqueles pensadores, segundo critérios que podem sim se aproximar (mais ou menos) ao que historicamente propugnaram, mas não se sobrepor a isso.

Não é possível – ou mesmo desejável –, vale destacar, tentar estabelecer uma distância radical entre Rand e a riquíssima rede conceitual que ela extrai da fortuna crítica que a antecedeu; mas não fará mal algum perceber que, no exercício *poiético* da sua criação literária, Rand está sempre filosoficamente presente. Enquanto autora, cabe-lhe dar vida a cada presença dramática que escolhe, realçar este ou aquele aspecto de uma personalidade que considere mais importante em função do que pretende dar a conhecer; em suma, estabelecer o percurso que a investigação pro-

---

7 BERLINER, Michael S. (Ed.) *Letters of Ayn Rand*. New York: Dutton, 1995, p. 179.

posta deve traçar para alcançar o objetivo originalmente pensado para o texto. Em última instância, a despeito dos seus expedientes literários, estamos sempre a ouvir Ayn Rand, quer "positivamente" – para mostrar aquela que considera via justa a percorrer –, quer "negativamente" – para bem assinalar a estrada a evitar.

Eis, então, numa visão esquemática, o que temos até aqui:

a) ao conceber seu *corpus* escrito, Rand optou, por largo período, preferencialmente pela ficção literária;

b) suas ficções literárias projetam uma rede filosófica complexa, que se espalha pelas falas dos personagens nos mais diversos contextos dramáticos, segundo estrutura polifônica, o que, ao menos num primeiro momento, pode criar algum obstáculo para uma visão de conjunto (ou sistêmica) da sua filosofia;

c) a rede terminológica de Rand repercute tácitas ou explícitas influências históricas de enorme peso e autoridade. Mas ela não é uma historiadora da filosofia. Rand aborda a tradição que a antecede segundo tensão teorética, cabe frisar, não para recuperar *ipsis verbis* o que foi dito antes, mas para se apropriar disso, moldando a um olhar novo, seu, muitas vezes fecundando os termos com novo peso semântico;

d) não tardaria para que a própria autora e os seus leitores sentissem a necessidade de saltar, num movimento estratégico, do estilo teatrográfico para textos propriamente discursivos/explicativos. O romance randiano é, em larga medida, constituído por termos e conceitos que podem facilmente admitir interpretações pluridimensionais e polivalentes. Seria mesmo preciso proceder como o seu herói filosófico[8], Aristóteles, que, especialmente no livro *delta* da *Metafísica*, e não apenas ali, sente ser inevitável uma certa limpeza vocabular.

---

8 Sobre esse ponto, ver XAVIER, Dennys G. *A Farmácia de Ayn Rand*: *Doses de Anticoletivismo*. São Paulo, LVM Editora, 2021, p. 158-160.

Introdução à Edição Brasileira

A Ayn Rand "Não-romancista"

Muito se especula sobre o exato momento no qual Rand finalmente se vê como uma filósofa, original, construtora de um modelo explicativo da realidade, articulado e próprio. Talvez tenha sido por influência da própria Isabel Paterson, que disse a ela, em troca epistolar, a célebre frase "você parece não saber que a sua ideia é nova": uma espécie de safanão epistêmico pensado, ao que tudo indica, para acordar a então amiga para o que realmente vinha produzindo. Talvez tenham sido as reuniões n'*O Coletivo*, grupo de estudos formado em 1951 por amigos e seguidores de Rand, que fizeram surgir nela a consciência da envergadura e da profundidade da sua reflexão. Ou mesmo, quem sabe, a determinante presença de Nathaniel Branden (1930-2014), discípulo e amante de Rand, que exerceu sobre ela, a um só tempo, fascínio amoroso e respeito intelectual. Fato é, no entanto, que, quase paradoxalmente, a filósofa vem mesmo plenamente à luz com a publicação da sua icônica distopia, *A Revolta de Atlas*, e isso segundo as suas próprias palavras[9]:

> [...] Atlas foi realmente o clímax e a conclusão do objetivo que eu havia estabelecido para mim a partir dos sete ou nove anos de idade. Ele expressou e declarou tudo o que eu queria de ficção escrita. Acima de tudo, apresentou plenamente a minha ideia do homem ideal.
>
> [...]
>
> Como o meu propósito é a apresentação de um homem ideal, tive que definir e apresentar as condições que o tornam possível e que a sua existência requer. Como o caráter do homem é o produto de suas premissas, eu tive que definir e apresentar os tipos de pre-

---

9 Sobre essa passo, ver XAVIER, Dennys G (org.). *Ayn Rand e os Devaneios do Coletivismo*. Coleção Breves Lições. São Paulo: LVM Editora, 2019, p. 66-67.

missas e valores que criam o caráter de um homem ideal e motivam as suas ações; o que significa que eu tive que definir e apresentar um código racional de ética. Uma vez que o homem atua e lida com outros homens, tive que apresentar o tipo de sistema social que possibilita que os homens ideais existam e funcionem – um sistema livre, produtivo e racional que exige e recompensa o melhor de cada homem, e que é, obviamente, o capitalismo *laissez-faire.*

A obra-prima ficcional de Rand – construída ao longo de treze anos – exigiu dela o soerguimento definitivo de uma filosofia com começo, meio e fim. Rothbard estava certo sobre o livro: não era qualquer novela melíflua. Independentemente de suas qualidades literárias ou artísticas, *A Revolta de Atlas* era o pináculo do edifício intelectual de Rand, seu sistema explicativo do homem. A partir dali, seria impossível desprezar ou adiar o passo seguinte: falar das coisas da filosofia noutro estilo, sem entraves narrativos ou artifícios estéticos/imaginários. Seria preciso, agora, descer às mais profundas instâncias do seu próprio dicionário filosófico, da vertente que resolveu denominar Objetivismo. Eis o que diz Rand numa conferência em março de 1974[10]:

> A tarefa que me dei esta noite não foi vender para vocês a *minha* filosofia, mas vender a filosofia como tal. No entanto, eu estive implicitamente falando da minha filosofia em cada frase – uma vez que nenhum de nós e nenhuma afirmação pode fugir de premissas filosóficas. Qual é o meu interesse *egoísta* na questão? Eu tenho confiança o suficiente para pensar que se vocês aceitarem a importância da filosofia e a tarefa de examiná-la criticamente é a *minha* filosofia que vocês aceitarão. Formalmente, eu a

---

10 O texto da conferência em português está disponível em <https://objetivismo.com.br/artigo/filosofia-quem-precisa-dela/>.

INTRODUÇÃO À EDIÇÃO BRASILEIRA

chamo de Objetivismo, mas, informalmente, eu a chamo de uma filosofia para viver na Terra. Vocês encontrarão uma apresentação explícita dela em meus livros, particularmente em *A Revolta de Atlas*.

A potência assertiva de Rand impressiona e ilustra, ela mesma, o que defende. A filosofia como tal é, em última instância, a sua filosofia, o Objetivismo, a filosofia para viver na Terra. De um ponto de vista ético, para essa filosofia, a vida humana é o mais alto padrão de valor (entendido como aquilo que alguém age para obter e/ou manter por meio da virtude). Ao homem cabe viver como homem, ainda que possa escolher uma existência rastejante e indigna de suas ínsitas capacidades. Razão, propósito e autoestima devem ser seus valores últimos e deles devem derivar três virtudes correspondentes: racionalidade, produtividade e orgulho. Para o homem, há apenas uma realidade: aquela que a razão pode conhecer, tangível, afastada de qualquer elemento místico ou sobrenatural, fruto de caprichos irracionais. Assim[11],

a) A virtude da *racionalidade* significa o reconhecimento e a aceitação da razão como sua única fonte de conhecimento, seu único juízo de valor e seu único guia de ação. Significa seu total comprometimento com um estado de atenção pleno e consciente, com a manutenção de um foco mental completo em todas as questões, em todas as escolhas, em todas as horas.

b) A virtude da *produtividade* é o reconhecimento do fato de que o trabalho produtivo é o processo pelo qual a mente humana sustenta a sua vida, o processo que liberta o homem da necessidade de ajustar-se ao seu ambiente, como fazem todos os

---

11 RAND, Ayn. "A Ética Objetivista". *In*: *A Virtude do Egoísmo*. São Paulo: LVM Editora, 2020, p. 36-37.

animais, e que lhe dá o poder de ajustar o meio ambiente a si próprio. O trabalho produtivo é o caminho da realização ilimitada do homem, e exige os maiores atributos do seu caráter: sua habilidade criativa, sua ambição, sua autoassertividade, sua recusa em suportar desastres que ele não provocou, sua dedicação ao objetivo de transformar a Terra na imagem de seus valores.

c) A virtude do *orgulho* é o reconhecimento do fato de que, "assim como o homem deve produzir os valores físicos de que necessita para se manter vivo, ele também precisa adquirir os valores do caráter que tornam sua vida merecedora de existir [...]. É conquistada ao jamais aceitar uma culpa imerecida e nunca merecendo alguma, ou, se efetivamente a mereceu, não deixando de corrigi-la; nunca se resignando passivamente diante de qualquer falha em seu caráter, não colocando, jamais, nenhuma preocupação, desejo, medo ou estado de espírito momentâneo acima da realidade de sua própria autoestima. E, acima de tudo, significa a rejeição do papel de animal de sacrifício, isto é, a rejeição de qualquer doutrina que pregue a autoimolação como virtude ou dever moral.

Para o Objetivismo, então, o homem não é meio para a realização de qualquer outro homem. Ele jamais se coloca como uma escada, um esteio, para a concretização de qualquer suposto direito de terceiros, por mais belo e bem intencionado que possa ser o suposto direito. Nada, por outro lado, o impede de agir livremente, no horizonte do seu arcabouço moral, para colaborar com quem quer que seja. A escolha de fazê-lo ou não deve caber exclusivamente a ele e ao seu cálculo racional autointeressado. A felicidade do homem está condicionada a um agir como homem. Ela só pode ser alcançada por indivíduo de mente focada, não submetido a tolices mítico-religiosas, pensadas para enfiá-lo em gaiola na qual estará condenado a viver como criatura sub-humana.

INTRODUÇÃO À EDIÇÃO BRASILEIRA

É nesse universo conceitual que se insere, de modo paradigmático, este belíssimo *Objetivismo: introdução à epistemologia e teoria dos conceitos*. Lancemos sobre ele um rápido olhar.

O Livro que Temos em Mãos

Antes de mais nada, devo dizer, na esteira do que venho desenhando até aqui, que este é um livro de estudo. Se o leitor se lembra da anedota que narrei na abertura dessa introdução, trata-se de uma obra que nos ajudará a entender parte essencial do edifício terminológico de Rand e, então, um texto que, em larga medida, poderá impedir que lancemos no "lixo da sala de aula" qualquer coisa da sua produção que caia em nossas mãos a qualquer tempo. Não estamos diante de uma novela, um romance que se entregue a compreensões superficiais ou claudicantes. Também não estamos diante de uma ficção objetivista, típica da lavra de Rand. O alerta surge logo nas primeiras linhas redigidas pela autora:

> Esta série de artigos é apresentada "por demanda popular". Recebemos tantos pedidos por informações sobre epistemologia objetivista, que eu decidi publicar uma síntese de um dos seus elementos cardinais: a teoria objetivista dos conceitos. Estes artigos podem ser considerados uma prévia do meu futuro livro sobre Objetivismo, e são fornecidos aqui como uma orientação para estudantes de filosofia.

Aqui temos, então, por pressão do público leitor da autora, uma série de reflexões estabelecidas para que uma "teoria objetivista dos conceitos" passe a fazer parte do instrumental disponível a ele. Mas não um instrumental qualquer: uma espécie de guia para interessados em filosofia.

São oito capítulos/artigos, seguidos de um resumo conceitual, dedicados a esmiuçar belíssimos temas de natureza epistemológica, isto é, temas relativos à possibilidade do conhecimento humano enquanto tal: tudo isso acompanhado, por fim, de útil reflexão de Leonard Peikoff, herdeiro intelectual de Ayn Rand e um dos responsáveis por estimular nela a necessidade de consignar por escrito suas investigações relativas à teoria do conhecimento.

Que não seja coisa de pequena importância, resta claro na medida em que saber o que podemos ou não conhecer enquanto seres humanos – e segundo quais condições – é determinante não apenas para uma "filosofia do conhecimento" ou "da ciência", mas também para refletirmos sobre o destino das sociedades humanas, do conhecimento, da ciência do progresso e de toda vida humana.

É preciso frisar esse ponto: numa metáfora, não podemos programar uma viagem sem, antes, conhecermos o meio de que dispomos para fazê-la, a "máquina" que nos transportará, as suas possibilidades, capacidades, derivadas de certa constituição. Aqueles que quiseram negar o potencial da mente humana se valeram de um parecer reducionista/relativista de nossas faculdades intelectuais. É preciso, então, recuperá-lo em sua plenitude, rastreá-lo em suas inatas capacidades, de modo a responder, em definitivo, aos "curandeiros" e outros místicos, mostrando em que medida os seus "conceitos" são "tão arbitrários quanto seus caprichos e que o conhecimento científico deles não tinha mais validação metafísica do que suas revelações"[12].

Como, então, se forma um conceito? Qual o caminho que nos leva a conhecer algo com grau superior de cognição? Qual o percurso que nos leva da impressão sensorial à construção elaborada de conteúdo mental? Qual o papel da linguagem neste pro-

---

12 RAND, Ayn. *Objetivismo – Introdução à Epistemologia e à Teoria dos Conceitos*. São Paulo: LVM Editora, 2021.

cesso? As questões evocadas por Rand neste livro remontam aos primórdios da história da filosofia[13]:

> É aqui que o antigo ditado de Protágoras (490-415 a.C.) pode receber novo significado, o oposto do que ele pretendia: "O homem é a medida de todas as coisas". O homem é a medida, epistemologicamente – não metafisicamente. Em relação ao conhecimento humano, o homem precisa ser a medida uma vez que precisa trazer todas as coisas ao domínio do humanamente conhecível. Contudo, longe de levar ao subjetivismo, os métodos que precisa empregar exigem a precisão matemática mais rigorosa, em uma conformidade mais estrita com regras e fatos objetivos, se o produto final for o *conhecimento*.

O desafio de Rand está posto: tentar demonstrar, com base numa tese racionalmente compartilhável, que uma pessoa é (ou pode ser) mais sapiente do que outra, e outra é (ou pode ser) mais ignorante; desenhar critério objetivo discriminante que pode explicar a diferença entre elas; registrar o *locus* no qual reside a superioridade de uma e a inferioridade da outra. A legitimidade epistêmica do saber não pode depender do mero arbítrio do indivíduo, precisamente porque pode acontecer que este, pensando que se ocupa de ciência, se engane, trocando-a pelo seu contrário, a não-ciência.

"A mente do homem é o instrumento básico de sua sobrevivência", diz Rand[14]:

> A vida lhe é concedida, mas não a sobrevivência. Seu corpo lhe é concedido, mas não o seu sustento. Sua mente lhe é concedida,

---

13 RAND, Ayn. *Objetivismo – Introdução à Epistemologia e à Teoria dos Conceitos*. São Paulo: LVM Editora, 2021.
14 RAND, Ayn. *A Revolta de Atlas*. São Paulo: Ed. Arqueiro, 2010, p. 1054.

mas não o seu conteúdo. Para permanecer vivo, ele tem de agir, e, para que possa agir, tem de conhecer a natureza e o propósito de sua ação. Ele não pode se alimentar sem conhecer qual é seu alimento e como tem de agir para obtê-lo. Não pode cavar um buraco, nem construir um cíclotron, sem conhecer seu objetivo e os meios de atingi-lo. Para permanecer vivo, ele tem de pensar.

Mas pensar é um ato de escolha. A chave daquilo que vocês denominam, com tanta leviandade, "natureza humana", o segredo de polichinelo com que vocês convivem, porém não ousam assumir, é o fato de que o homem é um ser cuja consciência tem poder de escolha. A razão não atua automaticamente. Pensar não é um processo mecânico. As conexões lógicas não são feitas por instinto. A função do estômago, dos pulmões, do coração é automática, mas a função da mente não é. A qualquer momento, em qualquer etapa da vida, vocês são livres para pensar ou se esquivar do esforço de pensar. Porém, não são livres para escapar da sua natureza, do fato de que a razão é o seu meio de sobrevivência – de modo que para vocês, como seres humanos, a questão do "ser ou não ser" é a questão do "pensar ou não pensar".

Se pensar ou não pensar é sobreviver ou não sobreviver, ser ou não ser, precisamos conhecer os mecanismos desse pensar, exatamente para extrair dele o máximo, sem desvios irracionais ou influência de místicos parasitários, corroídos pelo ódio e pelo desejo de controle.

O convite está feito. É hora de mergulhar no universo conceitual do Objetivismo, de se deixar tocar por ele.

Respire fundo, tome um bom fôlego e aproveite cada linha. Posso garantir: na volta à superfície, você será outro.

Dennys Garcia Xavier
Brasília, setembro de 2021.

CAPÍTULO 1
Cognição e Mensuração

A consciência, como um estado de estar ciente, não é um estado passivo, mas um processo ativo que consiste em duas essenciais: diferenciação e integração.

Embora cronologicamente a consciência humana se desenvolva em três estágios: o estágio das sensações, o da percepção e o conceitual, epistemologicamente a base de todo o conhecimento é o estágio da *percepção*.

Sensações, como tal, não são retidas na memória humana, que tampouco é capaz de experimentar uma sensação isolada, pura. Até onde se pode averiguar, a experiência sensorial de uma criança é um caos indistinto. A ciência da discriminação começa no nível das impressões.

Uma impressão é um grupo de sensações automaticamente retidas e integradas pelo cérebro de um organismo vivo. É na forma de impressões que o homem assimila a evidência de seus sentidos e apreende a realidade. Quando falamos de "percepção direta", ou "ciência direta", falamos do nível perceptual. Impressões, não sensações, são dadas e autoevidentes. O conhecimento de sensações como componentes de impressões não é direto, é adquirido pelo homem muito depois. É uma descoberta científica *conceitual*.

A construção – bloco de conhecimento *do* homem é o conceito *de* um *"existente"* – *de* algo que existe, podendo ser uma coisa, um atributo ou uma ação. Uma vez que é um conceito, o homem não pode apreendê-lo *explicitamente* até que tenha alcançado seu estágio conceitual. Contudo, ele está implícito em toda impressão (perceber uma coisa é perceber que ela existe) e o homem assimila isso *implicitamente no* nível perceptual – por exemplo, assimila os constituintes do conceito "existente", os dados que depois serão integrados por aquele conceito. É esse conhecimento implícito que permite que sua consciência se desenvolva mais.

Pode-se supor que o conceito "existente" seja implícito, mesmo no nível das sensações – se/e à extensão de uma consciência for capaz de discriminar naquele nível. Uma sensação é uma sensação de *algo*, conforme distinto do *nada* de momentos anteriores e posteriores. Uma sensação não diz ao homem *o quê* existe, mas *que* algo existe.

O conceito (implícito) "existente" perpassa três estágios *de* desenvolvimento na mente humana. O primeiro estágio é a ciência que uma criança tem *de* objetos, *de* coisas – o que representa o conceito (implícito) *"entidade"*. O segundo e próximo estágio aliado é a ciência *de* coisas específicas, singulares, que ele pode reconhecer e distinguir do resto de seu campo de percepção – o que representa o conceito (implícito) de *"identidade"*.

O terceiro estágio consiste em assimilar relações entre essas entidades, ao compreender as semelhanças e diferenças de suas identidades. Isso exige a transformação do conceito (implícito) de "entidade" no conceito (implícito) de *"unidade"*.

Quando uma criança observa que dois objetos (que ela futuramente aprenderá a designar como "mesas") são parecidos um com o outro, mas que são diferentes de quatro outros objetos ("cadeiras"), a mente dela foca em um atributo singular dos objetos (sua forma) e então, isola-os de acordo com suas diferenças e os integra como unidades em grupos distintos de acordo com suas semelhanças.

Essa é a chave, a entrada ao nível conceitual da consciência humana. *A habilidade de relacionar entidades como unidades é o método distintivo de cognição do homem,* que outras espécies vivas são incapazes de acompanhar.

Uma unidade é uma existente relacionada como um membro separado de um grupo de dois ou mais membros semelhantes. Duas pedras são duas unidades, assim como dois metros quadrados de chão, se considerados como partes distintas de uma porção do chão. Observe que o conceito "unidade" envolve um ato de consciência (um foco seletivo, um certo modo de relacionar as coisas), mas que *não* seja uma criação arbitrária da consciência; é um método de identificação ou classificação, de acordo com os atributos que uma consciência observa na realidade. Esse método permite qualquer número de classificações e classificações cruzadas: pode-se classificar coisas de acordo com sua forma, ou cor, ou peso, ou tamanho, ou estrutura atômica, mas o critério de classificação não é inventado, é percebido na realidade. Portanto, o conceito "unidade" é uma ponte entre metafísica e epistemologia: unidades não existem *como* unidades, o que existem são coisas, mas unidades são *coisas vistas por uma consciência em certas relações existentes.*

Com a compreensão do conceito (implícito) de "unidade", o homem alcança o nível conceitual da cognição, que consiste em dois campos inter-relacionados: o *conceitual* e o *matemático.* O processo de formação de conceitos é, em grande parte, um processo matemático.

Matemática é a ciência da *mensuração*. Antes de proceder ao assunto de formação de conceitos, primeiro consideremos o assunto de mensuração.

Mensuração é a identificação de uma relação quantitativa estabelecida por meio de um padrão que serve como uma unidade. Entidades (e suas ações) são mensuradas por seus atributos (comprimento, peso, velocidade, etc.) e o padrão de mensuração é uma unidade especificada concretamente representando o atributo adequado. Portanto, mede-se comprimento em centímetros, metros e quilômetros – peso em quilos – velocidade por meio de determinada distância atravessada em determinado tempo, etc.

É importante observar que, embora a escolha de determinado padrão seja opcional, as regras matemáticas para seu uso não são. Não faz diferença se medimos comprimento em termos de pés ou metros; o padrão fornece apenas a forma de notação, não a substância nem o resultado do processo de mensuração. Os fatos estabelecidos pela mensuração serão os mesmos, independente do padrão específico usado; o padrão pode nem alterar nem os afetar. Os requisitos de um padrão de mensuração são: que ele represente o atributo adequado, que seja facilmente perceptível pelo homem e que, uma vez escolhido, continue imutável e absoluto sempre que utilizado (por favor, lembre-se disso, o usaremos mais adiante).

Agora, qual é o propósito da mensuração? Observe que a mensuração consiste em relatar uma unidade facilmente perceptível com quantidades maiores ou menores e, então, com quantidades infinitamente maiores ou infinitamente menores, que não são diretamente perceptíveis pelo homem (a palavra "infinitamente" é usada aqui como um termo matemático, não metafísico). O propósito da mensuração é expandir o alcance da consciência humana, de seu conhecimento, para além do nível perceptual, além da potência direta de seus sentidos e dos concretos e imediatos de qualquer momento em particular. O homem pode perceber o comprimento de um metro diretamente; ele não consegue perceber dez quilômetros. Ao estabelecer a relação de metros até quilômetros, ele consegue compreender e saber qualquer distância na Terra; ao estabelecer a relação entre quilômetros e anos-luz, ele consegue saber as distâncias das galáxias.

O processo de mensuração é um processo de integrar uma escala ilimitada de conhecimento à experiência perceptual limitada humana; um processo para fazer o universo conhecido ao trazê-lo ao alcance da sua consciência, estabelecendo sua relação com o homem. Não é sem propósito que as suas primeiras tentativas de mensurar (a evidência que sobrevive até os dias atuais) consistiam em relacionar coisas *consigo mesmo* – como, por exemplo, medir seu próprio pé para usar como um padrão de comprimento[15], ou adotar o sistema decimal, que supostamente teve sua origem nos dez dedos do homem, como unidades de contagem.

É aqui que o antigo ditado de Protágoras (490-415 a.C.) pode receber novo significado, o oposto do que ele pretendia: "O homem é a medida de todas as coisas". O homem é a medida, epistemologicamente – não metafisicamente. Em relação ao conhecimento humano, o homem precisa ser a medida uma vez que precisa trazer todas as coisas ao domínio do humanamente conhecível. Contudo, longe de levar ao subjetivismo, os métodos que precisa empregar exigem a precisão matemática mais rigorosa, em uma conformidade mais estrita com regras e fatos objetivos, se o produto final for o *conhecimento*.

---

[15] Ao longo de todo livro, Ayn Rand usa os termos das medidas ingleses, o que foi traduzido. No caso deste parágrafo, para melhor compreensão, é mantida a medida "foot/feet" (pé/pés). (N.R.)

Isso é verdadeiro aos princípios matemáticos e aos princípios pelos quais o homem forma seus conceitos. As habilidades conceituais e matemáticas humanas se desenvolvem simultaneamente. Uma criança aprende a contar quando está aprendendo suas primeiras palavras. E para seguir além do estágio de contar seus dez dedos, é o nível *conceitual* de sua consciência que deve ser expandido pelo homem.

CAPÍTULO 2

CAPÍTULO 2
FORMAÇÃO DE CONCEITOS

Um *conceito* é uma integração mental de duas ou mais unidades isoladas de acordo com uma ou mais características específicas e unidos por uma definição específica.

As unidades envolvidas podem ser qualquer aspecto da realidade: entidades, atributos, ações, qualidades, relações, etc. Podem ser concretos perceptuais ou outros conceitos previamente formados. O ato de isolar envolvido é um processo de *abstração*; por exemplo, um foco mental seletivo que *retira* ou separa determinado aspecto de realidade de todos os outros (isto é, isola determinado atributo das entidades que o possuem, ou determinada ação das entidades que a executam, etc.). A união envolvida não é uma mera soma, mas uma *integração,* ou seja, uma mistura de unidades em uma nova entidade *mental singular* que é usada doravante como unidade singular de pensamento (mas que pode ser fracionada em suas unidades constituintes sempre que exigido).

Para ser usada como uma unidade singular, a enorme soma integrada por um conceito precisa receber a forma de um concreto *perceptual* específico e singular, que o diferenciará de todos os outros concretos e de todos os outros conceitos. Essa função é executada pela linguagem. A linguagem é um código de símbolos visuais e auditivos, que serve à função psico-epistemológica de converter conceitos ao equivalente mental de concretos. A linguagem é o domínio exclusivo e ferramenta de conceitos. Cada palavra que usamos (com exceção de nomes próprios) é um símbolo que denota um conceito, isto é, que embasa um número ilimitado de concretos de um tipo específico.

Nomes próprios são usados para identificar e incluir entidades em particular em um método conceitual de cognição. Observe que mesmo nomes próprios em civilizações avançadas seguem os princípios definidores de *genus* e *differentia*, isto é, John Smith com "Smith" atuando como *genus* e "John" como *differentia* — ou Nova York, EUA.

Palavras transformam conceitos em entidades (mentais); *definições* lhes provêm *identidade* (palavras sem definição não são linguagem, são somente sons sem articulação). Discutiremos definições posteriormente, e com detalhes.

O supracitado é uma discussão geral da natureza dos conceitos como produtos de certo processo mental. Contudo, *a* pergunta da epistemologia é: qual é precisamente a natureza desse processo? A que precisamente esses conceitos se referem na realidade?

Examinemos o processo de formação de um conceito mais simples, o conceito de um só atributo (cronologicamente, esse não é o primeiro conceito que uma criança assimilaria, mas é o mais simples epistemologicamente) como, por exemplo, o conceito *"comprimento"*. Se uma criança considerar um fósforo, um lápis e um graveto, ela observa que o comprimento é o atributo que eles têm em comum, mas que seus comprimentos es-

FORMAÇÃO DE CONCEITOS

pecíficos diferem. A *diferença é de mensuração*. Para formar o conceito "comprimento", a mente da criança retém o atributo e omite suas mensurações específicas. Ou, mais precisamente, o processo que, se identificado em palavras, consistiria no seguinte:

> O comprimento precisa existir em *alguma* quantidade, mas pode existir em qualquer quantidade. Eu devo identificar como "comprimento" o atributo possuído por qualquer existente, o que pode ser relacionado quantitativamente com uma unidade de comprimento, sem especificar a quantidade.

A criança não pensa com essas palavras (ela não tem ainda o conhecimento delas), mas *essa* é a natureza do processo que sua mente determina e sem palavras. E é esse o princípio que sua mente segue quando, ao assimilar o conceito "comprimento" observando os três objetos, ela o usa para identificar o atributo de comprimento de um pedaço de barbante, uma fita, um cinto, um corredor ou uma rua.

O mesmo princípio direciona o processo de formação de conceitos de entidades – por exemplo, o conceito "*mesa*". A mente da criança isola duas ou mais mesas de outros objetos ao focar em sua característica distintiva: sua forma. Ela observa que suas formas variam, mas têm uma característica em comum: uma superfície plana nivelada e apoio(s). Assim forma o conceito "mesa", retendo essa característica e omitindo *todas* as mensurações particulares, não apenas as medidas da forma como também todas as outras características de mesas (muitas das quais ela não tem ciência à época).

Uma definição adulta de "mesa" seria: "um objeto fabricado pelo homem que consiste em uma superfície plana e nivelada e apoio(s), feito para apoiar outros objetos menores". Observe o que é especificado e o que é omitido nessa definição: a característica distintiva da forma é especificada e retida; as

43

medidas geométricas particulares da forma (seja a superfície quadrada, redonda, oblongada ou triangular, etc., o número e forma dos apoios, etc.) são omitidas; as medidas de peso e tamanho são omitidas; o fato de que se trata de um objeto material é especificado, mas o material usado para fazê-la é omitido, portanto, omitindo as mensurações que diferenciam um material do outro; e assim por diante. Observe, no entanto, que os requisitos utilitários da mesa determinam certos limites às mensurações omitidas, na forma de "nem maior que, nem menor que" exigidos por seu propósito. Isto exclui uma mesa de três metros ou cinco centímetros de altura (embora a segunda possa ser subclassificada como um brinquedo ou uma miniatura de mesa) como também feita de materiais inadequados, como os não-sólidos.

Lembre-se que o termo "mensurações omitidas" não quer dizer, neste contexto, que as mensurações sejam consideradas não-existentes; quer dizer que *mensurações existem, mas não estão especificadas*. As mensurações *precisam* existir, e isto é uma parte essencial do processo. O princípio é: as mensurações relevantes devem existir em *alguma* quantidade, mas podem existir em *qualquer* quantidade.

Uma criança não está, e nem deveria estar, ciente de todas essas complexidades quando forma o conceito "mesa". Ela o forma diferenciando mesas de todos os outros objetos no *contexto de seu conhecimento*. Conforme seu conhecimento aumenta, as definições de seus conceitos se tornam mais complexas. (Iremos discutir isso quando discutirmos definições). Contudo, o princípio e o padrão de formação de conceitos continuam os mesmos.

As primeiras palavras que uma criança aprende são palavras que denotam objetos visuais e ela retém seus primeiros conceitos *visualmente*. Observe que a forma visual que ela lhes dá é reduzida às *essenciais* que distinguem o tipo particular de entidades de todas as outras – por exemplo, um tipo de desenho

FORMAÇÃO DE CONCEITOS

infantil universal para representar um homem é usando uma forma oval como torso, um círculo para a cabeça, quatro riscos para as extremidades, etc. Tais desenhos são um registro visual do processo de abstração e formação de conceitos na transição da mente do nível perceptual ao vocabulário completo do nível conceitual.

Há evidências para supor que a linguagem escrita se originou na forma de desenhos – como a escrita pictográfica dos povos orientais parece indicar. Com o crescimento do conhecimento humano e de seu poder de abstração, uma representação pictórica de conceitos poderia não ser mais adequada ao seu alcance conceptual, e foi substituída por um código completamente simbólico.

Um conceito é uma integração mental de duas ou mais unidades que possuem a(s) mesma(s) característica(s) distinta(s) e com suas mensurações específicas omitidas.

O elemento *de semelhança está* crucialmente envolvido na formação *de* todo conceito; semelhança, neste contexto, é a relação entre duas ou mais existentes que possuem a(s) mesma(s) característica(s), mas em diferentes graus ou medidas.

Observe o papel plural das mensurações no processo de formação de conceitos em suas duas partes essenciais: diferenciação e integração. Conceitos não podem ser formados aleatoriamente. Primeiramente, todos passam por uma diferenciação de duas ou mais existentes de outras existentes. Todas as diferenciações conceituais são feitas em termos de *características comensuráveis* (ou seja, características que possuem uma unidade de medida em comum). Nenhum conceito pode ser formado, por exemplo, como tentativa de distinguir objetos compridos de objetos verdes. Características incomensuráveis não podem ser integradas em uma unidade.

A título de exemplo, mesas são primeiramente diferenciadas de cadeiras, camas e outros objetos pela característica da *forma*, que é um atributo possuído por todos os objetos envolvidos. Portanto, o seu tipo específico de forma é estipulado como característica diferenciadora das mesas – isto é, uma determinada categoria de medidas geométricas de formas será especificada. Em seguida, dentro dessa categoria, as medidas particulares de uma mesa, suas formas, são omitidas.

Repare no fato de que uma forma específica representa uma categoria em particular ou conjunto de medidas geométricas. Forma é um atributo e suas diferenças – sejam cubos, esferas, cones, ou quaisquer combinações complexas – são uma questão de diferenciar mensurações. Qualquer forma pode ser reduzida a, ou expressa por, um conjunto de números em termos de *mensuração linear.* Quando, no processo de formação de conceitos, o homem percebe que a forma é uma característica comensurável de certos objetos, não precisa medir todas as formas envolvidas, tampouco *saber como medi-las;* simplesmente precisa observar o elemento de *semelhança.*

Semelhança é compreendida *em nível perceptual;* ao observá-la, o homem não está nem deve estar ciente do fato de que isso envolve uma questão de mensuração. É tarefa da filosofia e da ciência identificar esse fato.

Quanto ao processo corrente de mensurar formas, uma vasta parte da matemática avançada, da geometria em diante, é dedicada à tarefa de descobrir métodos pelos quais várias formas possam ser mensuradas – métodos complexos que consistem em reduzir o problema aos termos de um método simples, primitivo e o único disponível ao homem nesse campo de conhecimento: mensuração linear (cálculo integral, usado para medir a área de círculos, é só um dos exemplos).

A esse respeito, formação de conceitos e matemática aplicada têm uma tarefa semelhante, assim como a epistemologia filosófica e a matemática teórica têm uma meta semelhante: a meta e tarefa de colocarem o universo ao alcance do

Formação de Conceitos

conhecimento humano ao identificar relações em dados perceptuais.

Outro exemplo de mensuração implícita pode ser visto no processo de formação de conceitos de cores. O homem forma tais conceitos observando que vários tons de azul são semelhantes, em oposição aos tons de vermelho, desse modo diferenciando a variedade do azul da variedade do vermelho, do amarelo, etc.

Séculos se passaram antes que a ciência descobrisse a unidade pela qual as cores podem ser mensuradas: o comprimento das ondas de luz – uma descoberta que fundamentou, por meio de provas matemáticas, as diferenciações que os homens faziam e fazem em termos de semelhanças visuais (quaisquer dúvidas sobre "casos limítrofes" serão respondidas mais adiante).

Uma característica comensurável (como a forma no caso das mesas, ou matiz no caso das cores) é um elemento essencial no processo de formação de conceitos. Eu devo designá-lo como "Denominador Comum Conceitual" e defini-lo como "a(s) característica(s) redutível(eis) a uma unidade de mensuração, por meio do qual o homem diferencia duas ou mais existentes de outras existentes que o possuem".

A(s) característica(s) diferenciadora(s) de um conceito representa(m) uma categoria específica de mensurações dentro do "Denominador Comum Conceitual" envolvido.

Novos conceitos podem ser formados ao se integrar os formados anteriormente a categorias mais amplas, ou ao subdividi-los em categorias mais restritivas (um processo que vamos discutir futuramente). Contudo, em última instância, todos os conceitos são redutíveis em suas bases em entidades perceptuais, que são a base (determinada) do desenvolvimento cognitivo do homem.

Os primeiros conceitos que o homem forma são os de entidades, uma vez que são as únicas existentes primárias (atributos não podem existir por si só, eles são meramente as características de entidades; movimentos são movimentos de entidades; relações são relações entre entidades).

Durante o processo de formar conceitos de entidades, a mente de uma criança precisa focar em uma característica diferenciadora – isto é, em um atributo – para isolar um grupo de entidades de todos os outros. Ela está, portanto, ciente de atributos enquanto forma seus primeiros conceitos, mas o está no nível *perceptual, não* no conceitual. Somente após compreender um número de conceitos de entidades, ela poderá avançar ao estágio de abstrair atributos de entidades e formar conceitos separados dos atributos. O mesmo se aplica a conceitos de movimento. Uma criança fica ciente do movimento no nível *perceptual,* mas não consegue conceituar "movimento" até que já tenha formado alguns conceitos do que se move, ou seja, de entidades.

Até onde se pode determinar, o nível perceptual de ciência de uma criança é semelhante ao de animais mais evoluídos. Estes são capazes de perceber entidades, movimentos, atributos e inúmeras entidades. Contudo, um animal não consegue executar o processo de abstração – mentalmente separar atributos, movimentos ou números de entidades. Foi dito que um animal consegue perceber duas laranjas ou duas batatas, mas não consegue compreender o conceito de "duas".

Conceitos de *material* são formados ao se observar as diferenças nos materiais constituintes das entidades (materiais existem apenas na forma de entidades específicas, tais como uma pepita de ouro, uma tábua de madeira, uma gota ou um oceano de água). O conceito de "ouro", por exemplo, é formado isolando-se objetos de ouro de todos os outros, e então abstraindo e retendo-se o material, o ouro, e omitindo as mensurações dos objetos (ou das ligas) nas quais possa existir. Portanto, o material é o mesmo em todos os exemplos concretos agrupados sob o conceito e diferente apenas em quantidade.

FORMAÇÃO DE CONCEITOS

Conceitos de *movimento* são formados ao se especificar a natureza diferenciadora do movimento e de entidades que o executam, e/ou o meio no qual ele é executado – e omitindo-se as mensurações específicas de quaisquer exemplos de tal movimento e das entidades envolvidas. Um exemplo: o conceito "caminhar" denota um tipo específico de movimento executado por entidades vivas que possuem pernas e não se aplica ao movimento de uma cobra ou de um automóvel. O conceito "nadar" denota o movimento de qualquer entidade viva se impulsionando através da água e não se aplica ao movimento de um barco. O conceito "voar" denota o movimento de qualquer entidade que se impulsiona no ar, seja um pássaro ou um avião.

Advérbios são conceitos de características de movimento (ou ação); são formados ao se especificar uma característica e omitir as mensurações de ação e das entidades envolvidas – como "rapidamente", que pode ser aplicado a "caminhar", "nadar", "falar", etc., com a mensuração do que é "rápido" deixada em aberto e dependente, em qualquer caso, do tipo de movimento envolvido.

Preposições são conceitos de relações, predominantemente espaciais ou temporais, entre existentes; são formadas se especificando a relação e omitindo as mensurações das existentes e o espaço ou tempo envolvido, por exemplo, "em", "no", "acima", "depois", etc.

Adjetivos são conceitos de atributos ou de características. *Pronomes* pertencem à categoria de conceitos de entidades. *Conjunções* são conceitos de relações entre pensamentos e pertencem à categoria de conceitos de consciência.

Quanto a conceitos de consciência, futuramente os discutiremos extensivamente (para anteciparmos perguntas como "Pode-se mensurar o amor?", permitir-me-ei a resposta bem filosófica: "E uivar").

Agora podemos responder à pergunta: a que precisamente nos referimos quando designamos três pessoas como "homens"? Referimo-nos ao fato de que eles são seres vivos que possuem a *mesma* característica diferenciadora de todas as outras espécies vivas: uma faculdade racional – embora as mensurações específicas de suas características diferenciadoras *como* homens, bem como de todas as suas características *como* seres vivos, sejam diferentes (como seres vivos de um determinado tipo, eles possuem inúmeras características em comum: a mesma forma, o mesmo tamanho em geral, os mesmos aspectos faciais, os mesmos órgãos vitais, as mesmas impressões digitais etc., e todas essas características se diferem apenas em suas mensurações).

A essa altura, vale a pena observar dois vínculos entre os campos conceitual e matemático, além do fato óbvio de que o conceito "unidade" é a base e o começo de ambos.

1. Um conceito não é formado ao se observar cada concreto agrupado sob ele, e não especifica o número de tais concretos. Um conceito é como uma sequência aritmética de *unidades especificamente definidas,* partindo em ambas as direções, aberto nos dois extremos e incluindo todas as unidades daquele tipo em especial. A título de exemplo, o conceito "homem" inclui todos os homens que vivem no presente, que já viveram ou que ainda viverão. Uma sequência aritmética se estende ao infinito, sem implicar que o infinito de fato exista; tal extensão significa apenas que qualquer número de unidades existe, o que deve ser incluído na mesma sequência. O mesmo princípio se aplica aos conceitos: o conceito "homem" não especifica (e nem precisa) que número de homens já existiu em última instância, ele apenas especifica as características de homem e simboliza que qualquer número de entidades possuindo essas características seja identificado como "homem".

2. O princípio básico de formação de conceitos (que declara que as mensurações omitidas devem existir em *alguma* quantidade, mas podem existir em *qualquer* quantidade) é o

FORMAÇÃO DE CONCEITOS

equivalente ao princípio básico de álgebra que declara que símbolos algébricos precisam ter *algum* valor numérico, mas podem ter *qualquer* valor. Nesse sentido, a ciência perceptual é aritmética, mas a *ciência conceitual é a álgebra da cognição.*

A relação de conceitos a suas particularidades constituintes é a mesma da relação de símbolos algébricos com números. Na equação 2a = a —} — a, qualquer número pode ser substituído pelo símbolo "a" sem afetar a legitimidade da equação. Por exemplo: 2 X 5 = 5 — {— 5, ou: 2 X 5.000.000 = 5.000.000 —} — 5.000.000. De mesmo modo, pelo mesmo método psico-epistemológico, um conceito é usado como um símbolo algébrico que representa qualquer sequência aritmética ou unidade a ele subordinado.

Deixe que quem tente invalidar conceitos declarando que não é possível encontrar "hombridade" em homens tentar também invalidar a álgebra declarando que não se pode encontrar "—dade" em 5 ou 5.000.000.

CAPÍTULO 3

CAPÍTULO 3
ABSTRAÇÃO DE ABSTRAÇÕES

Começando da base do desenvolvimento conceitual – dos conceitos que identificam concretos perceptuais – o processo de cognição se move em duas direções que interagem: uma rumo ao conhecimento mais intenso e extenso, e outra rumo às integrações mais abrangentes e diferenciações mais precisas. Seguindo o processo e, *de acordo com evidências cognitivas,* conceitos formados anteriormente são integrados a outros mais abrangentes, ou então mais restritivos.

O papel da linguagem (o qual discutiremos extensivamente quando debatermos definições) precisa ser mencionado brevemente agora. O processo de formação de conceito não está completo até que suas unidades constituintes tenham sido integradas em uma só unidade mental por meio de uma palavra específica. Os primeiros conceitos que uma criança forma são conceitos de entidades perceptuais e as primeiras palavras que aprende são as que os designam. Ainda que uma criança não precise executar uma façanha da genialidade feita por uma ou várias mentes na infância pré-histórica da raça humana, em se tratando da invenção da linguagem, toda criança precisa executar, independentemente, a façanha de compreender a natureza da linguagem, o processo de simbolizar conceitos por meio de palavras.

Ainda que uma criança não origine (e nem precise originar) e forme cada conceito por si mesma, ao observar cada aspecto da realidade que a confronta, ela precisa executar o processo de diferenciar e integrar concretos perceptuais, com o intuito de compreender o significado das palavras. Se o cérebro dela for danificado fisicamente e se tornar incapaz de executar esse processo, ela não aprende a falar.

Aprender a falar não consiste em memorizar sons – *esse* é o processo pelo qual um papagaio aprende a "falar". Aprender consiste em compreender significados, isto é, compreender os *referentes* de palavras, os tipos de existentes que as palavras denotam na realidade. A esse respeito, o aprendizado de palavras é um acelerador precioso do desenvolvimento cognitivo de uma criança, mas não é um substituto para o processo de formação de conceito, pois nada é.

Após o primeiro estágio do aprendizado de certos fundamentos, uma criança não aprende novos conceitos por meio de uma ordem específica. Há, por um tempo, uma ampla área opcional, na qual pode aprender conceitos simples, primários e, quase simultaneamente, outros mais complexos e derivados, a depender de sua própria iniciativa mental e das influências aleatórias de seu ambiente. A ordem específica na qual ela aprende novas palavras é irrelevante nesse estágio, *desde que ela entenda seus significados.* Seu desenvolvimento conceitual pleno e independente não começa até que tenha adquirido vocabulário suficiente para ser capaz de formar frases – isto é, ser *capaz de*

ABSTRAÇÃO DE ABSTRAÇÕES

pensar (ponto no qual gradualmente organiza seu equipamento conceitual desordenado). Até esse momento, é capaz de reter os referentes de seus conceitos por meios perceptuais predominantemente visuais; conforme sua cadeia conceitual avança, cada vez mais para longe de concretos perceptuais, a questão de definições verbais se torna crucial. É nesse ponto em que tudo desanda.

Tirando o fato de que os métodos educacionais da maioria das pessoas mais velhas, ao invés de ajudá-la, tendem a atravancar seu desenvolvimento vindouro, a própria escolha e motivações de uma criança são cruciais nesse ponto. Há muitos caminhos diferentes pelos quais crianças seguem para aprender novas palavras consequentemente. Algumas (uma ínfima minoria) progridem diretamente pelo mesmo método de outrora, ou seja, tratando palavras como conceitos, exigindo um entendimento claro de antemão (*dentro do contexto de seu conhecimento*) do significado exato de cada palavra que aprendem, jamais permitindo uma quebra na cadeia que vincula seus conceitos aos fatos da realidade. Algumas progridem pela estrada das aproximações, na qual a neblina aumenta a cada passo, na qual o uso de palavras é conduzido pela sensação: "Eu meio que sei o que quis dizer". Algumas mudam da cognição para a imitação, substituindo entendimento por memorização, e adotam, de acordo com o cérebro humano, algo próximo da psico-epistemologia de um papagaio. Não aprendem conceitos, nem palavras, mas sons cujos referentes não são fatos da realidade, mas sim as expressões faciais e vibrações emocionais de seus tutores. E algumas (a maioria esmagadora) adotam uma mistura precária de diferentes graus dos três métodos acima.

Contudo, o questionamento sobre como homens em específico *aprendem* conceitos e o quê *são* conceitos, são duas questões diferentes. Considerando-se a natureza dos conceitos e o processo de abstrair das abstrações, precisamos presumir uma mente capaz de executar (ou de rememorar e conferir) este último. E devemos nos lembrar de que não importa quantos homens emitam um conceito como um som sem sentido, alguém precisou originá-lo em algum ponto.

Os primeiros estágios de integração de conceitos a conceitos mais abrangentes são relativamente simples, porque eles ainda se referem a concretos perceptuais. Por exemplo, o homem observa que os objetos que identificou pelos conceitos "mesa", "cadeira", "cama", "armário", etc., têm certas semelhanças, mas são diferentes dos objetos que identificou como "porta", "janela", "retrato", "cortinas" – e ele integra os primeiros no conceito "mobília". Nesse processo, conceitos servem como unidades e são tratados *epistemologicamente* como se fossem um só concreto (mental) – sempre lembrando que *metafisicamente* (ou seja, na realidade) cada unidade representa um número ilimitado de concretos de um certo tipo.

As características diferenciadoras dessas unidades são categorias específicas de mensuração de forma, tais como "uma superfície plana e nivelada e apoio(s)" no caso de mesas. Em relação ao novo conceito, essas características diferenciadoras agora são tratadas do mesmo modo que as mensurações individuais de formas de mesa são tratadas na formação do conceito "mesa": são omitidas com base no princípio de que uma peça de mobília precise ter *alguma* forma, mas que pode ter *quaisquer* formas, caracterizando as diversas unidades agrupadas sob o novo conceito.

A característica *diferenciadora* do novo conceito é determinada pela natureza dos objetos cujas unidades constituintes estão sendo diferenciadas, isto é, por seu "Denominador Conceitual Comum", que, neste caso, são objetos grandes dentro de uma moradia humana. A definição adulta de "mobília" seria: "objetos móveis feitos pelo homem com o propósito de serem usados em uma moradia humana, que podem suportar o peso de um corpo humano e/ou armazenarem outros objetos menores". Isso diferencia "mobília" de outras peças arquitetônicas, como portas ou janelas, de objetos ornamentais, como quadros ou cortinas, e de diversos objetos menores que podem ser usados dentro de uma moradia, como cinzeiros, bibelôs, pratos, etc.

As características diferenciadoras de "mobília" estão em um rol específico de funções em um lugar específico (ambos são características mensuráveis): "mobília" não deve ser maior do que caberia dentro de uma moradia humana, nem menor do que o necessário para executar suas funções específicas, etc.

Observe que o conceito "mobília" é uma abstração removida da realidade perceptual um passo adiante do que qualquer um de seus conceitos constituintes. "Mesa" é uma abstração, uma vez que designa qualquer mesa, mas seu significado pode ser transmitido simplesmente ao se apontar para um ou dois objetos perceptuais. Não há um objeto perceptual como "mobília", há apenas mesas, cadeiras, camas, etc. O significado de "mobília" não pode ser assimilado a menos que alguém tivesse assimilado primeiro o significado de seus conceitos constituintes; eles são seu vínculo com a realidade. (Nos níveis mais baixos de uma cadeia conceitual ilimitada, esta é uma ilustração da estrutura hierárquica de conceitos).

Observe também que o conceito "mobília" envolve uma relação com outro conceito, que não é o de suas unidades constituintes, contudo, precisa ser compreendido antes que se possa compreender o significado de "mobília": o conceito "moradia". Esse tipo de inter-relação entre conceitos se torna progressivamente mais complexo conforme o nível de formação de conceitos avança além dos concretos perceptuais.

Agora, examinemos o processo de subdivisão do conceito "mesa". Observando-se as diferenças no tamanho e função de várias mesas, o homem subdivide o conceito em "mesa de jantar", "mesa de centro", "mesa de canto", "escrivaninha", etc. Nos três primeiros exemplos, a característica diferenciadora de "mesa", ou seja, a sua forma, é retida, e as diferenciações são puramente uma questão de mensuração: o rol de mensurações da forma é reduzido de acordo com o estreitamento da função utilitária (mesas de centro são menores e mais baixas do que mesas de jantar; mesas de canto são mais altas do que mesas de centro, mas mais baixas do que mesas de jantar, etc.). No caso de "escrivaninha", no entanto, a característica diferenciadora de "mesa" é retida, mas combinada com um novo elemento: uma "escrivaninha" é uma mesa com gavetas para comportar suprimentos de papelaria. Os três primeiros exemplos não são novos conceitos de fato, mas exemplos qualificados do conceito "mesa". "Escrivaninha", contudo, envolve uma diferença significativa em sua característica diferenciadora, implica em uma categoria adicional de mensurações e recebe um novo símbolo linguístico (até onde se sabe sobre o processo de conceito-formação, não faz diferença se "escrivaninha" for designada "mesa de escritório", ou se uma nova palavra for cunhada para cada uma das outras subcategorias de "mesa". No entanto, há uma razão epistemológica para as designações presentes, que discutiremos quando falarmos de definições).

Quando conceitos são integrados em outro mais amplo, o novo conceito inclui todas as características de suas unidades constituintes, porém suas características diferenciadoras são consideradas mensurações omitidas e uma de suas características comuns determina a diferenciadora do novo conceito: aquele que representa seu "Denominador Conceitual Comum" com as existentes dos quais ele é diferenciado.

Quando um conceito é dividido em outros mais restritivos, sua característica diferenciadora é considerada como seu "Denominador Conceitual Comum", e recebe um rol mais restritivo de mensurações especificadas, ou é combinada com uma ou mais características adicionais para formar as características diferenciadoras individuais dos novos conceitos.

Observemos esses dois princípios em outro exemplo: as ramificações do conceito "homem". O tipo específico de consciência do homem é a característica diferenciadora pela qual uma criança (em um determinado nível de desenvolvimento) o diferencia de todas as outras entidades. Ao observar as semelhanças entre "gato", "cachorro", "cavalo" e "ave" e ao diferenciá-los de outras entidades, ela os integra em um conceito mais amplo, o de "animal" – e futuramente, inclui "homem" nesse conceito maior. A definição de "animal" (em termos gerais) seria: "uma entidade viva dotada de faculdades de consciência e locomoção".

A característica diferenciadora do homem, sua faculdade racional, é omitida na definição de "animal", pelo princípio de que um animal precisa possuir *algum* tipo de consciência, mas pode possuir *quaisquer* tipos caracterizando as várias unidades agrupadas sob o novo conceito (o padrão de mensuração que diferencia um tipo de consciência dos outros é seu *rol.*)

As características diferenciadoras dos novos conceitos são possuídas por todas as suas unidades constituintes: o atributo "vivo" e as faculdades "consciência e locomoção".

Tendo adquirido mais conhecimento, ao observar as semelhanças entre animais, plantas e determinadas entidades microscópicas (e suas diferenças de objetos inanimados), o homem os integra no conceito "organismo". A definição de "organismo" (em termos gerais) seria: "uma entidade dotada de capacidade de ação gerada internamente, de crescimento por meio de metabolismo e de reprodução".

Essas características diferenciadoras do novo conceito são possuídas por todas as suas unidades constituintes. As características diferenciadoras de "animal" são omitidas da definição pelo princípio de que "ações geradas internamente" precisam existir de *alguma* forma (incluindo "consciência e locomoção"), mas podem existir em *quaisquer* formas que caracterizam as diversas unidades agrupadas sob o novo conceito.

Com o avanço do conhecimento do homem, um conceito mais amplo, como "animal", é subdividido em novos conceitos, tais: "mamífero", "anfíbio", "peixe", "ave", etc. Cada um desses é então subdividido cada vez mais em subcategorias mais restritivas. O princípio de formação de conceito continua o mesmo: as características diferenciadoras do conceito "animal" (as faculdades de "consciência e locomoção") são o "Denominador Conceitual Comum" dessas subdivisões e são retidos, porém qualificados pela adição de outras características (anatômicas e fisiológicas) para formar as características diferenciadoras de novos conceitos.

(A ordem cronológica na qual o homem forma ou aprende esses conceitos é opcional. Uma criança, por exemplo, pode integrar primeiro os concretos adequados aos conceitos "animal", "ave" ou "peixe" e depois integrá-los a um conceito mais amplo ao expandir seu conceito de "animal". Os princípios envolvidos e a escolha definitiva de características diferenciadoras serão os mesmos, garantindo que alcance o mesmo nível de conhecimento).

Voltando ao processo de subdivisão conceitual, o conceito "homem" pode ser dividido em inúmeras subcategorias, de acordo com vários aspectos ou atributos. A título de exemplo, conceitos como "criança", "adolescente", "jovem", "adulto" são formados de acordo com mensurações de tempo, ou seja, de acordo com o número de anos vividos. Esses conceitos retêm a característica diferenciadora de "animal racional", mas com a restrição de um rol específico de anos.

O conceito "homem" pode ser subdividido de acordo com características especiais, tais como descendência racial (anatômica) – "caucasiano", "negro", "mongol", etc. –, ou de origens nacionais (geopolíticas) – "americano", "inglês", "francês", etc. –, ou de atividade profissional – "engenheiro", "médico", "artista", etc. – (que envolvem conceitos de consciência), ou até mesmo de acordo com características como cor do cabelo – "loiro", "moreno", "ruivo". Em todos esses casos, a característica diferenciadora de "animal racional" é retida, porém restrita por características específicas que representam categorias específicas de mensurações.

O conceito "homem" pode ser subdividido de acordo com relações especiais. Ou seja, de acordo com uma relação biológica – "pai", "filho", "irmão" –, ou uma relação legal – "marido", "esposa" –, ou uma relação econômica – "empregador", "funcionário" – etc. Nestes casos, a característica de "animal racional" é retida, porém combinada com uma relação específica.

Alguns conceitos de relações (tais como "legal" ou "econômica") envolvem conceitos de consciência. As abstrações mais complexas (tanto em se tratando de integrações mais abrangentes quanto de subdivisões mais restritivas) são aquelas que envolvem uma combinação de conceitos de ação com conceitos de consciência (discutiremos isso no próximo capítulo).

Dois aspectos do conteúdo cognitivo de abstrações são dignos de nota a essa altura:

1. A formação (ou o aprendizado) de conceitos mais abrangentes exige mais conhecimento (isto é, um rol mais abrangente de evidências conceituadas) do que se exige de qualquer um dos conceitos constituintes que elas agrupam. Por exemplo, o conceito "animal" exige mais conhecimento do que o conceito "homem", uma vez que exige conhecimento de homem e de alguma outra espécie. É necessário um conhecimento suficiente de características do homem e de características de outros animais e para diferenciar animais de plantas ou objetos inanimados.

Um erro corriqueiro, nesse contexto, defende que quanto mais abrangente o conceito, menor será seu conteúdo cognitivo, tendo em vista que sua característica diferenciadora é mais generalista do que as de seus conceitos constituintes. O erro está em crer que um conceito consiste em nada além da sua característica diferenciadora. Contudo, o fato é que no processo de abstrair das abstrações, não há como saber o que é uma característica diferenciadora, a menos que antes já se tenha observado outras características das unidades envolvidas e dos existentes dos quais elas são diferenciadas.

Assim como o conceito "homem" não consiste meramente de "faculdade racional" (se consistisse, os dois seriam equivalentes e intercambiáveis, e não são), mas inclui todas as características de "homem", com "faculdade racional" servindo de característica diferenciadora, assim sendo, no caso de conceitos mais abrangentes, o conceito "animal" não consiste meramente de "consciência e locomoção", mas agrupa todas as características de todas as espécies animais com consciência e locomoção", servindo como característica diferenciadora (falaremos disso mais adiante, quando discutirmos definições). Um erro desse tipo é possível somente quando se assume que o homem aprende conceitos memorizando suas definições, isto é, com base no estudo da epistemologia de um papagaio. No entanto, não é isso que estamos estudando. Compreender um conceito é compreender e, em parte, refazer o processo pelo qual ele é formado. Refazer esse processo é compreender pelo menos *alguma* das unidades que ele agrupa (e, portanto, vincular o entendimento do conceito aos fatos da realidade).

Assim como as integrações mais abrangentes de conceitos exigem conhecimento *mais extenso,* do mesmo modo subdivisões mais restritas de conceitos exigem um conhecimento mais *intensivo.* Por exemplo, o conceito "pai" exige mais conhecimento do que o conceito "homem" uma vez que exige conhecimento de homem, do ato de reprodução e de sua consequente relação.

2. A formação do conceito dá ao homem meios de identificar, não apenas os concretos que ele observou, mas todos os

concretos *daquele tipo* que pode encontrar no futuro. Assim, quando ele forma ou assimila o conceito "homem", não precisa compreender todo homem que ele encontrar doravante como um novo fenômeno a ser estudado do zero: ele o identifica como "homem" e aplica a ele o conhecimento adquirido sobre homem (o que o deixa livre para estudar as características singulares e individuais do vindouro, isto é, as mensurações individuais dentro de características estabelecidas pelo conceito "homem").

Esse processo de identificação conceitual (de agrupar um novo concreto sob um conceito adequado) é aprendido conforme um indivíduo aprende a falar e se torna automático no caso de determinados existentes em ciência perceptual, como "homem", "mesa", "azul", "comprimento", etc. Contudo, ele se torna progressivamente mais difícil conforme os conceitos do homem se distanciam de evidências perceptuais diretas e envolvem combinações complexas e classificações cruzadas de vários conceitos anteriores (observe as dificuldades de identificar um determinado sistema político, ou o diagnóstico de uma doença rara). Nesses casos, o conhecimento de um concreto ser, ou não, agrupado sob um determinado conceito não acontece automaticamente, pois exige um novo esforço cognitivo.

Portanto, o processo de formar e aplicar conceitos contém o padrão essencial de dois métodos de cognição essenciais: *indução* e *dedução*.

O processo de observar os fatos da realidade e os integrar em conceitos é, em essência, um processo de indução. O processo de agrupar novos exemplos sob um conceito conhecido é, em essência, um processo de dedução.

CAPÍTULO 4
CONCEITOS DE CONSCIÊNCIA

Consciência é a faculdade de ciência, a faculdade de tomar ciência (perceber) que algo existe.

A ciência não é um estado passivo, mas sim um processo ativo. Nos níveis baixos da ciência, um processo neurológico complexo é necessário para permitir ao homem experimentar uma sensação e integrá-la a percepções. Este processo é automático e não-volitivo; o homem fica ciente de seus resultados, porém não do processo em si. No nível conceitual mais alto, o processo é psicológico, consciente e volitivo. Em ambos os casos, a ciência é obtida e mantida através de *ações* contínuas.

Direta ou indiretamente, todos os fenômenos da consciência são derivados da consciência de alguém quanto ao mundo externo. Algum objeto, ou seja, algum *conceito* está envolvido em cada estado de ciência. Extrospecção é um processo de cognição direcionado para fora, um processo de apreender um ou mais existentes do mundo externo. Introspecção é um processo de cognição voltado para dentro, um processo de apreender as próprias ações psicológicas de alguém em relação a um ou mais existentes do mundo externo por meio de ações como: pensar, sentir, lembrar, etc. É somente em relação ao mundo externo que várias ações de uma consciência podem ser experimentadas, compreendidas, definidas e comunicadas. Portanto, ciência é ciência de alguma coisa. Um estado de consciência sem conteúdo é uma contradição de termos.

Dois atributos fundamentais estão envolvidos em todos os estados, aspectos ou funções da consciência humana: conteúdo e ação – o conteúdo da ciência e a ação da consciência em relação àquele conteúdo.

Estes dois atributos são o fundamento do Denominador Conceitual Comum de todos os conceitos pertencentes à consciência.

No nível perceptual da ciência, uma criança meramente experimenta e executa vários processos psicológicos; seu desenvolvimento conceitual pleno exige que ela aprenda a conceituá-los (depois de ter chegado a um determinado estágio de seu desenvolvimento conceitual extrospectivo).

Para formar conceitos de consciência, o indivíduo deve isolar a ação do conteúdo de determinado estado de consciência por meio de um processo de abstração. Assim como, extrospectivamente, o homem pode abstrair atributos de entidades, pode também, introspectivamente, abstrair as ações de sua consciência de seus conteúdos e observar as *diferenças* entre essas diversas ações.

Por exemplo (no nível adulto), quando um homem vê uma mulher passando na rua, a ação de sua consciência é *percepção*; quando ele nota que ela é bonita, a ação de sua consciência é *avaliação;* quando ele experimenta um estado interno de prazer e aprovação, de admiração, a ação de sua consciência é *emoção*; quando ele para e a observa e tira conclusões do evidente, como suas características, idade, posição social, etc., a ação de sua consciência é *pensamento;* quando, mais tarde, ele se lembra do incidente, a ação de sua consciência é *memória*; quando ele projeta que sua aparência ficaria melhor se ela fosse loira ao invés de morena e usasse vestido azul ao invés de vermelho, a ação da consciência é *imaginação.*

Ele pode também observar as *semelhanças* entre as ações de sua consciência em várias ocasiões, ao observar o fato de que essas mesmas ações, em diferentes sequências, combinações e graus, são ou foram ou podem ser aplicáveis a outros objetos: a um homem, um cão, um automóvel, ou uma rua inteira, à leitura de um livro, o aprendizado de uma nova habilidade, à escolha de um emprego, ou a qualquer objeto dentro do escopo de sua ciência.

Assim é o padrão do processo pelo qual (em passos graduais e mais lentos) o homem aprende a formar conceitos de consciência.

No âmbito da introspecção, os concretos – as *unidades* que são integradas em um só conceito – são as instâncias específicas de determinado processo psicológico. Os atributos mensuráveis de um processo psicológico são seu objeto, ou *conteúdo*, e sua *intensidade.*

O conteúdo é algum aspecto do mundo externo (ou é derivado de algum aspecto do mundo externo) e é medido pelos vários métodos de mensuração aplicáveis ao mundo externo. A intensidade de um processo psicológico é a soma de vários fatores, obtida automaticamente: seu escopo, sua claridade, seu contexto cognitivo e motivacional, o grau de energia mental ou esforço exigidos, etc.

Não há um método exato para mensurar a intensidade de todos os processos psicológicos, porém – como no caso da formação dos conceitos de cores – conceitualização não exige o conhecimento de medidas exatas. Graus de intensidade podem e são mensurados aproximadamente ou em escala comparativa. A intensidade da emoção da alegria em resposta a determinados fatos, por exemplo, varia de acordo com a importância desses na *hierarquia* de valores de alguém – o que varia em alguns casos, como ao comprar um terno novo, ou obter um aumento salarial, ou se casar com a pessoa amada. A intensidade de um processo de pensamento e o esforço intelectual exigido variam de acordo com o *escopo* de seu conteúdo, quando um indivíduo compreende o conceito "mesa", ou o conceito "justiça", ou entende que $2 + 2 = 4$, ou que $E = mc^2$.

A formação de conceitos introspectivos segue os mesmos princípios da formação de conceitos extrospectivos. Um conceito pertencente à consciência é uma integração mental de duas ou mais instâncias de um processo psicológico que possui as mesmas características diferenciadoras, com os conteúdos particulares e mensurações da intensidade da ação omitidas, sob o princípio de que estas mensurações omitidas precisem existir em *alguma* quantidade, mas podem existir em *qualquer* quantidade (isto é, um determinado processo psicológico precisa possuir *algum* conteúdo e *algum* grau de intensidade, mas pode possuir qualquer conteúdo ou grau da categoria adequada).

Por exemplo, o conceito "pensamento" é formado retendo-se as características diferenciadoras da ação psicológica (um processo de cognição direcionado propositalmente) e omitindo os conteúdos particulares, assim como o grau de intensidade do esforço intelectual. O conceito "emoção" é formado retendo-se as características da ação psicológica (uma resposta automática advinda de uma avaliação de uma existente) e omitindo-se os conteúdos singulares (as existentes), bem como o grau de intensidade emocional.

Agora observe que eu mencionei os termos *escopo* e *hierarquia* em conexão com a intensidade de processos psicológicos. Esses são termos que pertencem à categoria de mensurações e indicam métodos mais precisos de mensurar alguns fenômenos psicológicos.

Em relação aos conceitos pertencentes à cognição ("pensamento", "observação", "raciocínio", "aprendizado", etc.), o escopo do conteúdo fornece um método de mensuração. O escopo é medido por dois aspectos inter-relacionados: pelo escopo do material factual envolvido em um determinado processo cognitivo e pelo *comprimento da cadeia conceitual* exigida para lidar com aquele material. Uma vez que conceitos têm uma estrutura hierárquica, ou seja, uma vez que as abstrações mais elevadas e complexas são derivadas das mais básicas e simples (começando com os conceitos de concretos determinados pelo perceptual), a distância do nível perceptual dos conceitos usados em um determinado processo cognitivo indicam o escopo daquele processo (o nível de abstração com o qual um homem é capaz de lidar indica o quanto ele precisou saber para alcançar aquele nível. Eu não estou falando de homens que verbalizam abstrações flutuantes memorizadas, mas apenas daqueles que de fato compreendem os passos envolvidos).

Em relação aos conceitos pertencentes à avaliação ("valor", "emoção", "sentimento", "desejo", etc.), a hierarquia envolvida é de um tipo diferente e exige um tipo completamente diverso de mensuração. Ela é aplicável somente ao processo psicológico de avaliação e pode ser designada como "*mensuração teleológica*".

Mensuração é a identificação de uma relação quantitativa estabelecida por meio de um padrão que serve como unidade. A mensuração teleológica não lida com números cardinais, mas sim com *ordinais*, e o padrão serve para estabelecer uma relação de avaliação de meios para um fim.

A título de exemplo, um código moral é um sistema de mensuração teleológica que avalia as escolhas e ações abertas ao homem, de acordo com o grau em que ele atinge ou frustra o padrão de valor do código. O padrão é o fim, ao qual as ações humanas são o meio.

Um código moral é um conjunto de princípios abstratos. Para praticá-lo, um indivíduo precisa traduzi-lo aos concretos adequados – ele precisa escolher as metas e valores específicos que deve buscar. Isso exige que defina sua hierarquia particular de valores, em ordem de importância, e que aja de acordo. Portanto, todas as suas ações precisam ser guiadas por um processo de mensuração teleológica (o grau de incerteza e contradições na hierarquia de valores de um homem é o grau no qual ele será incapaz de executar tais mensurações e não terá sucesso em suas tentativas de calcular valores ou de ações propositais).

A mensuração teleológica precisa ser executada em e contra um enorme contexto, que consiste em estabelecer a relação de um determinado código com todas as outras escolhas possíveis e com a hierarquia de valores do indivíduo.

O exemplo mais simples desse processo, que todos os homens praticam (com vários graus de precisão e sucesso), pode ser visto no âmbito de valores materiais, nos princípios (implícitos) que guiam os seus gastos de dinheiro. Em qualquer faixa salarial, o seu dinheiro é quantitativamente limitado; ao gastá-lo, ele pesa o valor de sua compra em comparação ao valor de toda compra disponível pela mesma quantia em dinheiro, assim, pesa-o contra a hierarquia de todas as outras metas, desejos e necessidades e, então, de acordo com isso, compra ou não.

O mesmo tipo de mensuração guia as ações humanas no âmbito mais amplo dos valores morais e espirituais (por "espiritual" quero dizer "pertencentes à consciência". Eu digo "mais amplo" porque é a hierarquia de valores do homem nesse âmbito que determina sua hierarquia de valores no âmbito material ou econômico). Contudo, a moeda ou meio de troca é diferente. No âmbito espiritual, a moeda que existe em quantia limitada, e deve ser mensurada teleologicamente na busca de quaisquer valores, é o tempo, ou seja, *a vida de um indivíduo.*

Já que valor é aquilo pelo qual um indivíduo age para ganhar e/ou manter, e a quantidade de ações possíveis é limitada pela duração da vida dessa pessoa, uma parte da sua vida é investida naquilo tudo que valoriza. Os anos, meses, dias ou horas de pensamento, interesse ou ação dedicados a um valor são a moeda com a qual se paga pela apreciação recebida em troca.

Agora responderemos à pergunta: "Pode-se mensurar o amor?"

O conceito "amor" é formado ao se isolar duas ou mais instâncias do processo psicológico adequado e então reter suas características diferenciadoras (uma emoção precedente da avaliação de uma existente como um valor positivo e como uma fonte de prazer) e omitir o objeto e as mensurações da intensidade do processo.

O objeto pode ser uma coisa, um evento, uma atividade, uma condição ou uma pessoa. A intensidade varia de acordo com a avaliação que o indivíduo faz do objeto como, por exemplo, nos casos em que o amor da pessoa é por sorvete, ou por festas, por leitura, por liberdade ou por quem ela se casa. O conceito "amor" agrupa um vasto rol de valores e, consequentemente, de intensidade. Ele se estende dos níveis mais baixos (designado pela subcategoria "gostar") ao nível mais alto (designado pela subcategoria "afeição", que é aplicável somente no que tange a pessoas) e ao nível mais elevado de todos, que inclui amor romântico.

Se alguém deseja mensurar a intensidade de uma instância específica de amor, isso é feito por meio de referência à hierarquia de valores da pessoa que o experimenta. Um homem pode amar uma mulher, porém pode classificar as satisfações neuróticas da promiscuidade como mais valiosas do que ela o é para ele. Outro homem pode amar uma mulher, mas pode desistir dela, classificando seu medo de desaprovação alheia (de sua família, amigos, ou qualquer estranho) como mais valiosa do que ela o é para ele. Assim como um homem pode até arriscar a própria vida para salvar a mulher que ama, porque todos os seus outros valores perderiam o sentido sem ela. As emoções nesses exemplos não são da mesma intensidade ou dimensão. Não deixe um místico do nível de James Taggart[16] lhe dizer que amor é imensurável.

Algumas categorias de conceitos de consciência exigem consideração especial. Esses são os conceitos pertencentes aos *produtos* de processos psicológicos, tais como "conhecimento", "ciências", "ideia", etc.

Esses conceitos são formados ao se reter suas características diferenciadoras e omitir seu conteúdo. Por exemplo, o conceito "conhecimento" é formado ao se reter suas características diferenciadoras (uma assimilação mental de fato(s) da realidade, obtida por observação perceptual, ou um processo de raciocínio baseado em observação perceptual) e omitir o(s) fato(s) específico(s) envolvidos.

A intensidade dos processos psicológicos que levaram aos produtos é irrelevante aqui, mas a *natureza* desses processos está inclusa nas características diferenciadoras dos conceitos e serve para diferenciar os vários conceitos desse tipo.

É importante apontar que esses conceitos não são o equivalente de seus conteúdos existenciais e que pertencem à categoria de conceitos epistemológicos, com seu componente metafísico considerado como parte do conteúdo deles. Isto é, o conceito "Ciência Física" não é a mesma coisa de um fenômeno físico, que é o conteúdo da ciência. O fenômeno existe independente do conhecimento do homem. A ciência é um corpo organizado de conhecimento sobre esses fenômenos, adquirido e

---

[16] James Taggart é uma personagem de *A Revolta de Atlas* (1957). (N.E.)

Conceitos de Consciência

comunicável pela consciência humana. O fenômeno continuaria a existir, mesmo que não restasse nenhuma consciência humana na existência, já a ciência não continuaria.

Uma subcategoria especial de conceitos pertencentes aos produtos da consciência é reservada aos conceitos de *método*. Estes designam cursos sistemáticos de ação desenvolvidos pelos homens com o propósito de alcançar metas em particular. O curso de ação pode ser puramente psicológico (tal como um método de utilização da consciência de um indivíduo), ou pode envolver uma combinação de ações físicas e psicológicas (como um método de escavar petróleo) de acordo com a meta a ser alcançada.

Conceitos de método são formados ao se reter as características diferenciadoras do curso proposital de ação e de sua meta, enquanto se omite as mensurações particulares de ambos.

A lógica é *o* conceito fundamental de método, aquele a partir do qual todos os outros dependem. A característica diferenciadora da lógica (a arte da identificação não-contraditória) indica a natureza das ações (ações de consciência necessárias para atingir uma identificação correta) e sua meta (conhecimento) enquanto se omite o comprimento, complexidade ou passos específicos do processo de inferência lógica, assim como a natureza do problema cognitivo particular envolvido em qualquer instância determinada usando a lógica.

Conceitos de método representam uma parte ampla do equipamento conceitual humano. A epistemologia é uma ciência dedicada à descoberta de métodos adequados para se adquirir e validar o conhecimento; a ética é uma ciência dedicada à descoberta de métodos adequados para alguém viver sua vida; a medicina é uma ciência dedicada à descoberta de métodos adequados para curar doenças; todas as ciências aplicadas (como a tecnologia) são ciências dedicadas à descoberta de métodos.

Os conceitos de método são o elo com a ampla e complexa categoria de conceitos que representam integrações de conceitos existenciais com conceitos de consciência, uma categoria que inclui a maioria dos conceitos pertencentes às ações humanas. Conceitos dessa categoria não têm referentes diretos no nível perceptual de ciência (embora eles incluam componentes perceptuais) e podem não ser formados nem compreendidos sem uma longa cadeia antecedente de conceitos.

Por exemplo, o conceito "casamento" denota uma relação moral-legal específica entre um homem e uma mulher, o que implica um determinado padrão de comportamento, baseado em acordo mútuo e sancionado pela lei. O conceito "casamento" não pode ser formado ou assimilado meramente ao se observar o comportamento de um casal; ele exige a integração de suas ações com inúmeros conceitos de consciência, tais como "acordo contratual", "moralidade" e "direito".

O conceito "propriedade" denota a relação de um homem e um objeto (ou uma ideia), seu direito de usá-lo e descartá-lo, e envolve uma longa cadeia de conceitos morais-legais, incluindo o procedimento pelo qual o objeto foi adquirido. A mera observação de um homem no ato de usar um objeto não transmite o conceito "propriedade".

Conceitos compostos desse tipo são formados ao se isolar as existentes, relações e ações adequadas e então reter suas características diferenciadoras e omitir o tipo de mensurações adequado às várias categorias dos conceitos envolvidos.

Agora uma palavra sobre gramática. Gramática é uma ciência que lida com a formulação de métodos adequados de expressão e comunicação verbal, isto é, os métodos de organizar palavras (conceitos) em sentenças. A gramática pertence às ações de consciência e envolve inúmeros conceitos especiais – como conjunções, que são conceitos que denotam relações entre pensamentos ("e", "mas", "ou", etc.). Estes conceitos são formados ao se reter as características de relação e omitir os pensamentos específicos envolvidos. O propósito de conjunções é economia verbal: elas servem para integrar e/ou condensar o conteúdo de certos pensamentos.

A palavra "e", por exemplo, serve para integrar diversos fatos em um só pensamento. Se alguém diz "Smith, Jones e Brown caminham", o "e" indica que a observação "caminham" se aplica aos três indivíduos nomeados. Há algum objeto da realidade correspondente à palavra "e"? Não. Há um fato da realidade correspondente à palavra "e"? Sim, o fato de que três homens caminham – e que a palavra "e" integra em um só pensamento um fato que sobremaneira teria que ser expresso por: "Smith caminha. Jones caminha. Brown caminha".

A palavra "mas" serve para indicar uma exceção ou uma contradição de possíveis implicações de um dado pensamento. Se alguém diz "ela é linda, mas burra", o "mas" serve para condensar os seguintes pensamentos: "Essa garota é linda. Beleza é um atributo positivo, um valor. Antes de concluir que ela é valiosa, você deve considerar também seu atributo negativo: ela é burra". Se alguém diz "eu trabalho todo dia, mas não no domingo", o "mas" indica uma exceção e condensa o seguinte: "Eu trabalho na segunda-feira. Eu trabalho na terça-feira. (E assim por diante, mais quatro vezes). Minha atividade aos domingos é diferente: eu não trabalho no domingo".

Esses exemplos são para o benefício daquelas vítimas de filosofia moderna que são ensinadas pela análise linguística que não há um meio de derivar conjunções da experiência, ou seja, de fatos da realidade.

Um aspecto específico do estado epistemológico da cultura de hoje é digno de nota agora.

Observe que os ataques ao nível conceitual da consciência humana, isto é, ao raciocínio, vêm das mesmas concentrações ideológicas que os ataques às *mensurações*. Quando discutimos a essa consciência, particularmente suas emoções, algumas pessoas usam a palavra "mensuração" como um termo pejorativo, como se uma tentativa de aplicá-lo ao fenômeno da consciência fosse uma impropriedade "materialista" asquerosa e ofensiva. A pergunta "Pode se mensurar o amor?" é um exemplo e um sintoma dessa atitude.

Como em várias outras questões, os dois campos supostamente opostos são meramente duas variantes advindas das mesmas premissas básicas. Os místicos à moda antiga alegam que não se pode mensurar amor em quilos, centímetros ou dólares. Eles são assistidos e estimulados pelos neo-místicos que, atordoados com conceitos mal processados de mensuração, alegando que ela deve ser a única ferramenta da ciência, continuam a mensurar reflexos patelares, questionários estatísticos e o tempo de aprendizado de ratos como índices à psique humana.

Ambos os campos fracassaram em observar que *mensuração exige um padrão adequado* e que nas ciências físicas – que uma área odeia passionalmente e a outra área inveja com paixão – não se mensura comprimento em quilos ou peso em centímetros.

Mensuração é a identificação de uma relação em termos numéricos, e a complexidade da ciência da mensuração indica a complexidade das relações que existem no universo e as quais o homem mal começou a investigar. Elas existem, mesmo se os padrões ou métodos de mensuração adequados não forem sempre tão facilmente aparentes, nem o grau de precisão atingível tão grande quanto no caso de mensurar os determinados atributos básicos perceptuais da matéria. Se algo fosse de fato "imensurável", não teria nenhuma relação de qualquer tipo com o resto do universo, não afetaria nem seria afetado por nada mais de maneira alguma, não teria causas nem traria consequências – em suma, não existiria.

O motivo da atitude contra mensurações é óbvio: é o desejo de preservar um santuário de indeterminado para o benefício do irracional. Epistemologicamente, o desejo de es-

CONCEITOS DE CONSCIÊNCIA

capar da responsabilidade de precisão cognitiva e integração em larga escala; e, metafisicamente, o desejo de escapar do absolutismo da existência, de fatos, de realidade e, acima de tudo, de *identidade*.

- CAPÍTULO 5 -

CAPÍTULO 5

DEFINIÇÕES

Uma definição é uma declaração que identifica a natureza das unidades agrupadas sob um conceito.

É comum dizer que definições explicitam o significado de palavras. Isto é verdade, mas não é exato. Uma palavra é meramente um símbolo audiovisual usado para representar um conceito, não tem outro significado além daquele do conceito que simboliza, o que consiste em suas unidades. Não são palavras, mas conceitos, que o homem define ao especificar seus referentes.

O propósito de uma definição é distinguir um conceito de todos os outros e, portanto, manter suas unidades diferenciadas de todas as outras existentes.

Uma vez que a definição de um conceito é formulada em termos de outros conceitos, o homem pode não apenas identificá-lo e *retê-lo* como também estabelecer as relações, a hierarquia, a *integração* de todos os seus conceitos e, portanto, a integração de seu conhecimento. Definições preservam não a ordem cronológica na qual um homem em específico pode ter aprendido conceitos, porém a ordem lógica de sua interdependência hierárquica.

Com algumas exceções, cada conceito pode ser definido e comunicado no que diz respeito a outros conceitos. As exceções são conceitos referentes a sensações e axiomas metafísicos. Sensações são o material primário da consciência e, assim sendo, não podem ser comunicadas por meio do material que é derivado delas. As causas existenciais de sensações podem ser descritas e definidas em termos conceituais (ou seja, o comprimento das ondas de luz e a estrutura do olho humano que produzem as sensações das cores), mas não se pode comunicar como é aquela cor para uma pessoa que nasceu cega. Para definir o significado do conceito "azul", por exemplo, deve-se apontar algum objeto azul para significar, em efeito, "Refiro-me a *isso*". Tal identificação de um conceito é conhecida como uma "definição extensiva".

Definições ostensivas normalmente são consideradas aplicáveis apenas para sensações conceituadas. Contudo, são aplicáveis a axiomas também. Uma vez que conceitos axiomáticos são identificações de primários irredutíveis, o único jeito de defini-los é por meio de uma definição ostensiva – ou seja, para definir "existência", é necessário tocar no braço de um sujeito e dizer: "Refiro-me a *isso*" (discutiremos axiomas mais adiante).

As regras de definição correta são derivadas do processo de formação de conceito. As unidades de um conceito foram discriminadas – por meio de uma ou mais características diferenciadoras – de outros existentes com uma característica comensurável, um Denominador Conceitual Comum. Uma definição segue o mesmo princípio: especifica a(s) característica(s) diferenciadora(s) das unidades e indica a categoria de existentes da qual elas foram discriminadas.

DEFINIÇÕES

A(s) característica(s) diferenciadora(s) de unidades se tornam a *differentia* da definição do conceito; as existentes que possuem um Denominador Conceitual Comum se tornam o *genus*.

Portanto, uma definição concorda com as duas funções essenciais da consciência: diferenciação e integração. A *differentia* isola as unidades de um conceito de todas as outras existentes; o *genus* indica sua conexão com um grupo maior de existentes.

A título de exemplo, na definição de mesa ("uma peça de mobília que consiste em uma superfície plana, nivelada, e apoios, com propósito de sustentar outros objetos menores") a forma específica é a *differentia*, que distingue mesas de outras entidades pertencentes ao mesmo *genus*: mobília. Na definição de homem ("um animal racional"), "racional" é a *differentia*, "animal" é o *genus*.

Da mesma forma que um conceito se torna uma unidade quando integrado com outros sob um mais abrangente, assim o é com um *genus* ao se tornar uma unidade única, uma *espécie*, quando integrado com outros sob um *genus* mais abrangente. Por exemplo, "mesa" é uma espécie do *genus* "mobília", que é uma espécie do *genus* "bens domésticos", que é uma espécie do *genus* "objetos feitos pelo homem". "Homem" é uma espécie do *genus* "animal", que é uma espécie do *genus* "organismo", que é uma espécie do *genus* "entidade".

Uma definição não é uma descrição, ela *implica,* mas não menciona, todas as características das unidades de um conceito. Se uma definição fosse listar todas as características, acabaria com seu propósito. Forneceria um conglomerado indiscriminado, indiferenciado e, em efeito, pré-conceitual de características que não serviriam para diferenciar as unidades de todas as outras existentes, nem o conceito de todos os outros conceitos. Uma definição precisa identificar a *natureza* das unidades, isto é, as características *essenciais* sem as quais as unidades não seriam o tipo de existente que são. Contudo, é importante lembrar que

87

uma definição implica *todas* as características de unidades, uma vez que identifica o *essencial* delas, não suas características *exaustivas*, e que designa *existentes*, não seus aspectos isolados, e que é uma condensação, não um substituto, para um conhecimento amplo das existentes envolvidas.

Isso leva à questão crucial: já que um grupo de existentes pode possuir mais de uma característica que os diferencia de outras, como pode-se determinar a característica essencial de uma existente e, portanto, a característica definidora adequada de um conceito?

A resposta é fornecida pelo processo de formação de conceito.

Conceitos não são, nem podem ser, formados em um vácuo. São formados em um contexto. O processo de conceituação consiste em observar as diferenças e semelhanças das existentes *dentro do campo de ciência de um sujeito* (e organizá-los em conceitos de acordo). Do entendimento de uma criança do conceito mais simples integrando um dado grupo de concretos perceptuais, ao entendimento de um cientista das mais complexas abstrações integrantes de longas cadeias conceituais, toda a conceituação é um processo contextual – o contexto é o campo inteiro da ciência ou conhecimento de uma mente em qualquer nível de seu desenvolvimento cognitivo.

Isso não quer dizer que conceituação é um processo subjetivo, ou que o conteúdo de conceitos depende de uma escolha subjetiva (ou seja, arbitrária) de um sujeito. A única questão aberta à escolha de um indivíduo nesse âmbito é quanto conhecimento ele busca adquirir e, consequentemente, qual complexidade conceitual será capaz de alcançar. No entanto, enquanto sua mente lida com conceitos (diferenciados de sons memorizados e abstrações flutuantes), o conteúdo desses é determinado e ditado por um conteúdo cognitivo de sua mente, ou seja, pela sua compreensão dos fatos da realidade. Se essa compreensão não for contraditória, então, mesmo que o escopo de seu conhecimento seja modesto e o conteúdo de suas concepções seja primitivo, *não irá contradizer o conteúdo dos mesmos conceitos nas mentes dos mais avançados cientistas.*

O mesmo vale para todas as definições. *Todas elas* são contextuais e uma definição primitiva *não contradiz* uma mais avançada – esta apenas expande a primeira.

Como um exemplo, vamos seguir o desenvolvimento do conceito "homem".

No nível pré-verbal de ciência, quando uma criança aprende a diferenciar homens do resto de seu campo perceptual, observa características diferenciadoras que, se traduzidas em palavras, culminariam em tal definição: "uma coisa que se move e faz sons". Dentro do contexto de sua ciência, essa é uma definição válida, pois o homem, de fato, se move e faz sons, e isso o diferencia dos objetos inanimados ao seu redor.

Quando a criança observa a existência de gatos, cães e automóveis, sua definição deixa de ser válida. Ainda é verdade que o homem se move e faz sons, mas essas características não o diferenciam de outras entidades no campo da ciência da criança. A definição (sem palavras) da criança então muda para algum equivalente a: "uma coisa viva que anda com duas pernas e não tem pelo", com as características de "se move e faz sons" continuamente implícitas, no entanto, não mais definidoras. Novamente, essa definição é válida dentro do contexto de ciência da criança.

Quando uma criança aprende a falar e seu nível de ciência se expande ainda mais, sua definição de homem cresce de acordo. Torna-se algo como: "um ser vivo que fala e faz coisas que nenhum outro ser vivo consegue fazer".

Esse tipo de definição será suficiente por muito tempo (muitos homens, incluindo alguns cientistas modernos, nunca progridem além de alguma variante dessa definição). Contudo, isso para de ser válido mais ou menos na adolescência, quando nota (caso seu desenvolvimento conceitual continue) que seu conhecimento das "coisas que nenhum outro ser vivo consegue fazer" se tornou uma coletânea enorme, incoerente e inexplicável de atividades, algumas feitas por todos os homens, porém umas não, outras feitas até mesmo por animais (como a construção de abrigos), no entanto, de uma forma significativamente diferente, etc. O adolescente percebe que sua definição não é nem igualmente aplicável a todos os homens, nem serve para diferenciar homens de todos os outros seres vivos.

É nesse estágio que pergunta a si: qual é a característica comum de todas as variadas atividades humanas? Qual é a raiz delas? Qual capacidade permite ao homem executá-las e, portanto, diferencia-o de todos os outros animais? Quando o adolescente compreende que a característica diferenciadora do homem é seu tipo de consciência – uma consciência capaz de abstrair, formar conceitos, apreender a realidade por meio do processo de raciocínio –, alcança a única definição válida de homem dentro do contexto de seu conhecimento, e de todo o conhecimento da humanidade até hoje: "*um animal racional*".

("Racional", nesse contexto, não significa "que age invariavelmente de acordo com raciocínio"; significa "provido da faculdade de raciocínio". Uma definição completamente biológica de homem incluiria muitas subcategorias de "animal", mas a categoria geral e a definição em última instância continuam as mesmas).

Observe que todas as versões supracitadas de uma definição de homem eram verdadeiras, digo, eram identificações corretas de fatos da realidade, e que elas eram válidas como definições, ou que eram seleções corretas de características diferenciadoras em um contexto específico de conhecimento. Nenhuma delas foi contradita por um conhecimento subsequente. Elas foram incluídas implicitamente como características não-definidoras em uma definição mais precisa de homem.

Ainda é verdade que o homem é um animal racional que fala, faz coisas que nenhum outro ser vivo consegue, anda com duas pernas, não tem pelo e se move e faz sons.

O passo a passo desse exemplo não é necessariamente o processo literal do desenvolvimento conceitual de todo homem, pode haver mais (ou menos) passos, que podem não ser delimitados tão clara ou conscientemente, mas esse é um *padrão* de desenvolvimento que a maior parte dos conceitos e definições perpassam na mente de um homem com a expansão de seu conhecimento. É um padrão que possibilita estudos intensivos e, portanto, a expansão do *conhecimento* e da *ciência*.

Agora atente, no exemplo supracitado, o processo de determinar uma característica essencial: a regra da *fundamentalidade*. Quando um grupo específico de existentes tem mais de uma caraterística que o diferencia de outras existentes, o homem precisa observar as relações entre essas várias características e descobrir aquela da qual todas as outras (ou o maior número de outras) são dependentes, ou seja, a característica fundamental sem a qual as outras não seriam possíveis. Essa característica fundamental é a diferenciadora *essencial* das existentes envolvidas e a *definidora* adequada do conceito.

Metafisicamente, uma característica fundamental é aquela diferenciadora que possibilita o maior número de outras; epistemologicamente, é a que explica o maior número de outras.

Por exemplo, pode-se observar que o homem é o único animal que fala inglês, usa relógios de pulso, pilota aviões, fabrica batons, estuda geometria, lê jornais, escreve poemas, tricota meias, etc. Nenhuma delas é uma característica essencial, nenhuma delas explica as outras; nenhuma delas se aplica a todos os homens. Omita uma ou todas elas, pressuponha que um homem nunca fez qualquer uma dessas coisas, e ele continuará sendo um *homem*. Contudo, perceba que todas essas atividades (e incontáveis outras) exigem uma *compreensão conceitual* da realidade, que um animal não seria capaz de compreendê-las, pois são expressões e consequências da faculdade racional humana, e que um organismo sem essa faculdade não seria humano – e você saberá o porquê da faculdade racional do homem ser sua característica diferenciadora *essencial* e definidora.

Se definições são contextuais, como alguém determina uma definição objetiva válida para todos os homens? Ela é determinada de acordo com o contexto mais abrangente possível de conhecimento disponível ao homem nos assuntos relevantes às unidades de um dado conceito.

A validade objetiva é determinada pela referência aos fatos da realidade. No entanto, é o homem quem precisa identificar os fatos. A objetividade exige a descoberta pelo homem e não pode preceder o conhecimento humano, ou seja, *não pode* exigir onisciência. O homem *não pode* saber mais do que descobriu e *não pode* saber menos do que as evidências indicam, se seus conceitos e definições forem objetivamente válidos.

Nessa questão, um adulto ignorante está na mesma posição de uma criança ou adolescente. Ele precisa agir dentro do escopo desse conhecimento que possui e de suas definições conceituais primitivas correspondentes. Quando se desloca a um campo maior de ação e pensamento, quando novas evidências o confrontam, precisa expandir suas definições de acordo com elas para que sejam objetivamente válidas.

Uma definição objetiva, válida para todos os homens, é uma que designa as características diferenciadoras *essenciais* e *genus* das existentes agrupadas sob um dado conceito, e de acordo com todo o conhecimento relevante disponível naquele estágio de desenvolvimento da Humanidade.

Em caso de desacordo, quem decide? Como em todas as questões relativas à objetividade, não há autoridade definitiva, exceto a realidade e a mente de todo indivíduo que julga a evidência pelo método *objetivo* de julgamento: lógica.

Isso não quer dizer que todo homem precisa ser um estudioso universal e que toda descoberta da ciência afete as definições de conceitos. Quando a ciência descobre algum aspecto desconhecido da realidade, ela forma *novos* conceitos para identificá-lo (como no caso do "elétron"); mas desde que a ciência é preocupada com o estudo intensivo de existentes previamente conhecidas e conceituadas, suas descobertas são identificadas por meio de subcategorias conceituais. Por exemplo, o homem é classificado biologicamente em diversas subcategorias de "animal", tal "mamífero", etc. Contudo, isso não altera o fato de que a racionalidade é sua característica diferenciadora essencial e definidora e que "animal" é o *genus* mais abrangente ao qual ele pertence (e isso não altera o fato de que quando um cientista e um analfabeto usam o conceito "homem", eles se referem ao mesmo tipo de entidades).

Somente quando, e se, alguma descoberta tornar a definição "animal racional" imprecisa (ou seja, incapaz de diferenciar o homem de todas as outras existentes), surgiria a questão de expandir a definição. "Expandir" não significa negar, revogar ou contradizer, significa demonstrar que algumas outras características são mais diferenciadoras de homem do que racionalidade e animalidade – no caso improvável dessas duas características serem vistas como características não definidoras, mas ainda seriam verdadeiras.

Lembre-se que formação de conceito é um método de cognição humana e que conceitos representam classificações de existentes observadas de acordo com suas relações com outras existentes observadas. Uma vez que o homem não é onisciente, uma definição não pode ser imutavelmente absoluta, porque não pode estabelecer a relação de um dado grupo de existentes a todo o resto no universo, incluindo o não-descoberto e o desconhecido. E, pelas mesmas razões, uma definição é falsa e inútil se não for *contextualmente* absoluta, se ela não especifica as relações conhecidas entre existentes (em termos de características *essenciais* conhecidas) ou se ela contradiz o conhecido (por omissão ou evasão).

Os nominalistas da filosofia moderna, particularmente os positivistas lógicos e analistas linguísticos, alegam que a alternativa de verdadeiro ou falso não é aplicável a definições, apenas a proposições "factuais". Uma vez que palavras, segundo eles, representam convenções humanas (sociais) arbitrárias e conceitos não têm referentes objetivos na realidade, uma definição não pode ser nem verdadeira nem falsa. O ataque à razão nunca foi alcançado em nível mais profundo ou mais superficial do que esse.

Proposições consistem em palavras, e a questão de como uma série de sons sem relação aos fatos da realidade pode produzir uma proposição "factual" ou estabelecer um critério de discriminação entre verdade e falsidade, é uma questão indigna de debate. Tampouco pode ser debatida por meio de sons inarticulados que trocam de sentido aos caprichos do humor, estupor ou expediência de qualquer falante em dado momento (no entanto, os resultados daquela noção podem ser observados em salas de aulas de universidades, nos consultórios de psiquiatras, nas primeiras páginas dos jornais de hoje em dia).

A verdade é o produto do reconhecimento (ou seja, identificação) de fatos da realidade. O homem identifica e integra os fatos da realidade por meio de conceitos. Ele retém conceitos em sua mente por meio de definições. Organiza conceitos em proposições – e a verdade ou falsidade de suas proposições se mantém, não apenas na sua relação aos fatos que afirma, como também na verdade e falsidade das definições de conceitos que usa para afirmá-los, o que se mantém na verdade ou falsidade de suas designações de características *essenciais*.

Todo conceito engloba inúmeras proposições. Um conceito que identifica concretos perceptuais abarca algumas proposições implícitas; mas nos níveis mais altos de abstração, um conceito integra cadeias e parágrafos e páginas de proposições *explícitas* referentes a dados factuais complexos. *Uma definição é uma condensação de um corpo vasto de observações e engloba, ou é englobado, na verdade ou falsidade dessas observações.* Vou repetir: uma *definição é* uma *condensação.* Como um preâmbulo legal (referente aqui ao direito *epistemológico*), toda definição começa com a proposição implícita: "Depois de plena consideração de todos os fatos conhecidos pertencentes a esse grupo de existentes, o seguinte foi demonstrado como sua característica definidora, portanto, essencial..."

À luz desse fato, considere alguns exemplos modernos de definições propostas. Um antropólogo notável, escrevendo em uma revista de circulação nacional, sugere que a diferença essencial do homem de todos os outros animais, a característica essencial responsável por seu desenvolvimento e conquistas únicas, é a posse de polegares (o mesmo artigo afirma que os dinossauros possuíam polegares, mas que "de alguma forma fracassaram em se desenvolver"). E quanto ao tipo de consciência humana? Negligenciado.

Um artigo em uma enciclopédia respeitável sugere que o homem possa ser definido como "um animal que possui linguagem". "Possuir linguagem" é uma característica primária, independente de quaisquer outras características ou faculdades? A linguagem consiste na habilidade de articular sons? Caso seja, então, papagaios e mainás devem ser classificados como homens. Se não for o caso, qual faculdade humana lhes falta? Negligenciado.

Não há diferença entre essas definições e aquelas escolhidas por indivíduos que definem o homem como "um animal cristão (ou judeu, ou muçulmano)", ou "um animal de pele branca", ou "um animal de descendência exclusivamente ariana", etc. – nenhuma diferença em um princípio epistemológico, ou em consequências práticas (ou em motivo psicológico).

A verdade ou falsidade de todas as conclusões, inferências pensamentos e conhecimentos sobre o homem se mantêm pela verdade ou falsidade de suas definições.

O supracitado se aplica apenas a conceitos válidos. Existem conceitos inválidos, ou seja, palavras que representam tentativas de integrar erros, contradições ou falsas proposições, como conceitos advindos do misticismo, ou palavras sem definições específicas, sem referentes, que podem significar qualquer coisa para qualquer um, como os modernos "anti-conceitos". Conceitos inválidos aparecem ocasionalmente nas linguagens dos homens, mas normalmente – embora não necessariamente – duram pouco, já que levam a barreiras cognitivas. Um conceito inválido anula toda proposição ou processo de pensamento no qual ele é usado como afirmação cognitiva).

Sobre o nível de sensações conceituadas e axiomas metafísicos, todo conceito exige uma definição verbal. Paradoxalmente o bastante, são os conceitos mais simples que a maior parte das pessoas tem mais dificuldade para definir – os conceitos dos concretos perceptuais que lidam diariamente, como "mesa", "casa", "homem", "andar", "alto", "número", etc. Há uma boa razão para isso: tais conceitos são, cronologicamente, os primeiros conceitos que o homem forma ou assimila, e podem ser definidos verbalmente apenas por meio de conceitos futuros – como, por exemplo, uma pessoa assimila o conceito "mesa" muito antes de compreender conceitos como "plana", "nivelada", "superfície", "apoios". A maioria, portanto, trata definições formais como desnecessárias e os conceitos simples como se eles fossem puros dados de sentidos, a serem identificados por meio de definições ostensivas, isto é, apenas apontando. Há uma justificativa psicológica particular para essa política. A ciência discriminada do homem começa com *percepções;* as identificações conceituais de percepções observadas diariamente se tornaram tão meticulosamente automatizadas nas suas mentes, que elas parecem não exigir definição alguma e os homens não têm dificuldades para identificar os referentes desses conceitos ostensivamente.

Isso, aliás, é um exemplo demonstrando as inversões grotescas de Análise Linguística: o carro-chefe de analistas linguísticos consiste em reduzir pessoas ao desamparo balbuciante, exigindo que definam "casa" ou "qual" ou "mas", em seguida alegando que, já que as pessoas não conseguem definir *sequer* palavras tão simples, não se pode esperar que definam outras mais complexas e, portanto, não se pode haver coisas como definições ou conceitos).

De fato, e na prática, desde que os homens são capazes de identificar com plena certeza os referentes perceptuais de conceitos simples, não é necessário que eles desenvolvam ou memorizem as definições verbais desses conceitos. O que é preciso é um conhecimento das regras pelas quais definições podem ser formuladas; e o que é *urgentemente* necessário é uma compreensão clara da linha divisória além da qual definições ostensivas não são mais suficientes (a divisória começa no ponto em que um homem usa palavras com um sentimento de "eu meio que sei o que quis dizer"). Maior parte das pessoas não tem compreensão dessa linha e nem desconfia da necessidade de compreendê-la, e as consequências desastrosas, paralisantes e deletérias são a maior causa particular da erosão intelectual da Humanidade.

Para ilustrar, veja o que Bertrand Russel (1872-1970) foi capaz de executar porque as pessoas pensaram que "meio que sabiam" o significado do conceito "número", e o que os coletivistas foram capazes de executar porque as pessoas nem mesmo fingiam saber o significado do conceito "homem").

Para saber o sentido exato dos conceitos que alguém usa, deve-se saber suas definições corretas, ser capaz de revisitar os passos específicos (lógicos, não cronológicos) que os formaram e deve-se ser capaz de demonstrar sua conexão basal na realidade perceptual.

Quando em dúvida sobre o significado, ou a definição de um conceito, o melhor método de esclarecimento é procurar seus referentes – isto é, perguntar a si mesmo: qual ou quais fatos de realidade conceberam esse conceito? O que o diferencia de todos os outros conceitos?

Por exemplo: qual fato da realidade concebeu o conceito "justiça"? O fato de que o homem precisa tirar conclusões sobre coisas, pessoas e eventos ao seu redor, ou seja, deve julgar e avaliá-los. Seu julgamento é automaticamente correto? Não. O que faz com que seu julgamento esteja errado? A falta de evidências suficientes, ou sua fuga das evidências, ou a inclusão de considerações além dos fatos do caso. Como, então, ele chega ao julgamento correto? Baseando-o exclusivamente na evidência factual e ao considerar todas as evidências relevantes disponíveis. Contudo, isso não é uma definição de "objetividade"? Sim, "julgamento objetivo" é uma das categorias mais abrangentes a qual o conceito "justiça" pertence. O que discerne "justiça" de outras instâncias de julgamento objetivo? Quando alguém avalia a natureza ou ações de objetos inanimados, o critério de julgamento é determinado pelo propósito particular pelo qual alguém os avalia. No entanto, como isso determina um critério para avaliar o caráter e ações dos homens, em vista do fato de que os homens possuem a faculdade da volição? Que ciência pode fornecer um critério objetivo de avaliação em relação a questões de volição? Ética. Agora, eu preciso de um conceito para designar o ato de julgar o caráter de um homem e/ou ações exclusivamente baseando-se em todas as evidências factuais disponíveis, e de avaliá-las por meio de um critério moral objetivo? Sim. Esse conceito é "justiça".

Perceba que uma longa cadeia de considerações e observações é condensada em um só conceito. E que a cadeia é muito mais longa do que o padrão abreviado apresentado aqui, porque cada conceito usado nesse exemplo engloba cadeias semelhantes.

Por favor, tenha esse exemplo em mente. Discutiremos essa questão mais profundamente quando discutirmos o papel cognitivo de conceitos.

Notemos, a essa altura, a diferença radical entre a visão de conceitos de Aristóteles (384-322 a.C.) e a visão objetivista, particularmente no que tange à questão de características essenciais.

O filósofo grego foi o primeiro a formular os princípios da definição correta. Foi quem identificou o fato de que apenas concretos existem. Contudo, Aristóteles defendeu que as definições se referem a essências metafísicas que existem em concretos como um elemento especial, ou poder formativo, e também defendeu que o processo de formação de conceito depende de um tipo de intuição direta pela qual a mente humana compreende essas essências e forma conceitos de acordo.

Aristóteles compreendia a "essência" como metafísica; o Objetivismo a compreende como epistemológica.

O Objetivismo advoga que a essência de um conceito são as características fundamentais de suas unidades, às quais inúmeras outras características são dependentes, e que as diferenciam de todas as outras existentes dentro do campo do conhecimento humano. Portanto, a essência de um conceito é determinada contextualmente e pode ser alterada com a expansão do conhecimento do homem. O referente metafísico dos seus conceitos não é uma essência metafísica especial distinta, mas o total de fatos da realidade que ele observou. E esse total determina quais características de um dado grupo de existentes ele designa como essenciais. Uma característica essencial é factual, no sentido de que ela existe, determina outras características e diferencia um grupo de existentes de todos os outros; é epistemológica no sentido de que a classificação de "característica essencial" é um aparato do método de cognição humano – um meio de classificar, condensar e integrar um corpo de conhecimento em constante crescimento.

Agora, examine as quatro escolas históricas do pensamento na questão de conceitos – as que listei no prefácio desse trabalho – e perceba que a dicotomia de "intrínseco ou subjetivo" foi devastadora nessa questão, como tem sido com toda questão envolvendo a relação de consciência com existência.

As escolas de pensamento realista extrema (platonista) e a realista moderada (aristotélica) consideram os referentes de conceitos como *intrínsecos*, ou seja, "universais" inerentes em coisas (tanto como arquétipos como essências metafísicas), e como existentes especiais não relacionadas à consciência humana, a serem percebidas pelo homem diretamente – assim como qualquer outro tipo de existentes concretas, mas percebidas por alguns meios não-sensoriais ou extrassensoriais.

As escolas conceitualista e nominalista consideram conceitos como *subjetivos,* ou seja, produtos da consciência do homem, sem relação com fatos da realidade, tais meros "nomes" ou noções arbitrariamente atribuídas a agrupamentos aleatórios de concretos no âmbito de semelhanças vagas e inexplicáveis.

A escola realista extrema tenta, com efeito, preservar a primazia da existência (da realidade) ao dispensá-la com a consciência, ou seja, convertendo conceitos em existentes concretas e reduzindo a consciência ao nível perceptual, isto é, à função automática da compreensão de percepções (por meios sobrenaturais, uma vez que não existam tais percepções).

A escola (contemporânea) nominalista tenta estabelecer a primazia da consciência dispensando a existência (a realidade), ou seja, negando o *status* de existentes, até mesmo concretos, e convertendo conceitos em conglomerados de fantasia, construídos dos destroços de outras fantasias menores, como palavras

DEFINIÇÕES

sem referentes ou entoação de sons que não correspondem a nada em uma realidade irreconhecível.

Para compor o caos: deve-se notar que a escola platonista começa aceitando a primazia da consciência, revertendo a relação de consciência até existência, ao assumir que a realidade deve estar em conformidade com o conteúdo da consciência, e não o contrário, sob a premissa de que a presença de qualquer noção na mente humana prova a existência de um referente correspondente na realidade. Contudo, a escola plantonista ainda retém alguns vestígios de respeito pela realidade, ainda que somente com motivação não-declarada, pois ela distorce a realidade em um construto místico para extorquir sua sanção e validar o subjetivismo. A escola nominalista começa com humildade empirista, negando o poder da consciência para formar quaisquer generalizações válidas sobre a existência, e finda com um subjetivismo que não exige sanções e uma consciência libertada da "tirania" da realidade.

Nenhuma dessas escolas considera conceitos como *objetivos*, isto é, nem como revelados nem inventados, no entanto, como produzidos pela consciência do homem em acordo com os fatos da realidade, como integrações mentais de dados factuais computados pelo homem, como os produtos de um método cognitivo de classificação cujos processos precisam ser executados pelo homem, mas cujo conteúdo é ditado pela realidade.

É como se, filosoficamente, a Humanidade ainda esteja no estágio de transição que caracteriza uma criança no processo de aprendizado da fala – uma criança que está usando sua faculdade conceitual, mas não a desenvolveu suficientemente para examiná-la autoconscientemente e descobrir que o que está usando é o *raciocínio*.

CAPÍTULO 6
CONCEITOS AXIOMÁTICOS

Axiomas normalmente são considerados proposições identificando uma verdade fundamental e autoevidente. Contudo, proposições explícitas como tais não são primárias: elas são feitas de conceitos. A base do conhecimento humano – de todos os outros conceitos, todos os axiomas, proposições e pensamentos – consiste em conceitos axiomáticos.

Um conceito axiomático é a identificação de um fato primário da realidade, que não pode ser analisado, ou seja, reduzido a outros fatos ou decomposto em partes. Está implícito em todos os fatos e em todo o conhecimento. É o que é dado fundamentalmente e diretamente percebido ou experimentado, o que não requer nenhuma prova ou explicação, mas onde constam todas as provas e explicações.

Os primeiros conceitos axiomáticos essenciais são "existência", "identidade" (que é um corolário de "existência") e "consciência". Pode-se estudar o que existe e como a consciência funciona, mas não é possível analisar (ou "provar") existência como tal ou consciência como tal. Elas são primários irredutíveis. (Uma tentativa de "prová-los" é autocontraditória; é uma tentativa de "provar" a existência por meio da não-existência e a consciência por meio da inconsciência).

Existência, identidade e consciência são conceitos, pois exigem identificação em forma conceitual. Sua peculiaridade consiste no fato de que são *percebidas ou experimentadas diretamente, mas compreendidas conceitualmente.* Elas são implícitas em todo estado de ciência, da primeira sensação à primeira percepção até a soma de todos os conceitos. Depois da primeira sensação (ou percepção) discriminada, o conhecimento subsequente do homem não soma nada aos fatos básicos designados pelos termos "existência", "identidade", "consciência". Estes fatos são contidos em qualquer estado singular de ciência, mas o que é acrescentado pelo conhecimento subsequente é *a necessidade epistemológica de identificá-los consciente e autoconscientemente.* A ciência dessa necessidade só pode ser alcançada em um estágio avançado de desenvolvimento conceitual, quando o sujeito já adquiriu um volume suficiente de conhecimento e a identificação, a compreensão plenamente consciente, só pode ser alcançada por um processo de abstração.

Não é a abstração de um atributo de um grupo de existentes, mas de um fato básico de todos os fatos. Existência e necessidade *não são atributos* de existentes, elas *são* existentes. A consciência é um atributo de certas entidades vivas, porém não é um atributo de determinado estado de ciência, é o estado. Epistemologicamente, a formação de conceitos axiomáticos é um ato de abstração, um foco seletivo e isolamento mental de fundamentos metafísicos, no entanto, metafisicamente, é um ato de integração – *a maior integração possível* ao homem: ela une e engloba o todo de sua experiência.

Conceitos Axiomáticos

As unidades de conceitos "existência" e "identidade" são cada entidade, atributo, ação, evento ou fenômeno (incluindo consciência) que existe, já existiu ou que existirá. As unidades do conceito "consciência" são todo estado ou processo de ciência que alguém experimenta, já experimentou ou experimentará (assim como unidades semelhantes, uma faculdade semelhante, que se infere a outras entidades vivas). As mensurações omitidas de conceitos axiomáticos são todas as mensurações de todas as existentes que elas agrupam; o que é retido, metafisicamente, é somente um fato fundamental; o que é retido, epistemologicamente, é apenas uma categoria de mensuração, omitindo suas particularidades, o *tempo* – ou seja, o fato fundamental é retido independente de qualquer momento específico de ciência.

Conceitos axiomáticos são as *constantes* da consciência do homem, os *integradores cognitivos* que identificam e, portanto, protegem sua continuidade. Eles identificam explicitamente a omissão de mensurações de tempo psicológico, que são implícitas em todos os outros conceitos.

Deve-se lembrar que a ciência conceitual é o único tipo de ciência capaz de integrar passado, presente e futuro. Sensações são meramente uma ciência do presente e não podem ser retidas além do momento imediato; percepções são retidas e, por meio da memória automática, fornecem um determinado vínculo rudimentar com o passado, mas não podem projetar o futuro. É apenas a ciência conceitual que pode assimilar e conter o todo de sua experiência extrospectivamente[17] – a continuidade da existência – e introspectivamente – a continuidade da consciência –, o que, portanto, permite a seu possuidor projetar seu percurso de longo alcance. É por meio de conceitos axiomáticos que o homem assimila e mantém essa continuidade, trazendo-a à sua ciência consciente e *conhecimento*. São conceitos axiomá-

---

[17] Isto é: de forma exterior. (N. E.)

ticos que identificam a pré-condição do conhecimento, a distinção entre existência e consciência, entre realidade e a ciência da realidade, entre o objeto e o tema da cognição. Conceitos axiomáticos são a fundação da *objetividade*.

Conceitos axiomáticos identificam explicitamente o que é meramente implícito na consciência de uma criança ou animal (conhecimento implícito é material passivamente mantido que, para ser assimilado, exige foco e processo de consciência especiais – um processo que uma criança aprende a executar eventualmente, mas que a consciência de um animal é incapaz de executar).

Se o estado de ciência perceptual de um animal pudesse ser transmitido em palavras, somaria uma sucessão desconexa de momentos aleatórios, tais como "aqui agora mesa – aqui agora árvore – aqui agora homem – eu agora vejo – eu agora sinto", etc., e no próximo dia, ou hora, recomeçando a sucessão, com apenas alguns trechos de memória na forma de "isso agora comida" ou "isso agora mestre". O que a consciência de um homem faz com o mesmo material, por meio de conceitos axiomáticos é: "a mesa existe – a árvore existe – o homem existe – eu sou consciente".

A projeção supracitada da ciência de um animal é o que determinados filósofos modernos, como os positivistas lógicos e atomistas lógicos, atribuem ao homem como seu começo e único contato com a realidade – exceto que eles rejeitam o conceito "realidade", substituem sensações por percepções e enxergam tudo acima desse nível sub-animal como um "construto" humano arbitrário.

Uma vez que conceitos axiomáticos não são formados diferenciando um grupo de existentes de outros, mas representam uma integração de todas as existentes, eles não possuem Denominador Conceitual Comum com mais nada. Eles não têm contrários, nem alternativas. O contrário do conceito "mesa" – uma não-mesa – é todo outro tipo de existente. O contrário do conceito "homem" – um não-homem – é todo outro tipo de existente. "Existência", "identidade" e "consciência" não têm contrários, apenas um vazio.

Pode-se dizer que a existência pode ser diferenciada da não-existência; no entanto, a não-existência não é um fato, é a *ausência* de um fato, é um conceito derivado pertencente a uma relação, ou seja, um conceito que pode ser formado ou compreendido apenas em relação a alguma existente que parou de existir (pode-se chegar ao conceito "ausência" partindo do conceito "presença" em relação a algumas existentes em particular; não é possível chegar ao conceito "presença" partindo do conceito "ausência", com ausência incluindo tudo). A não-existência é como um zero sem sequência de números, é o nada, o vazio total.

Isso nos dá uma pista sobre outro aspecto especial de conceitos axiomáticos; embora eles designem um fato *metafísico* fundamental, conceitos axiomáticos são produtos de uma necessidade *epistemológica* – a necessidade de uma consciência conceitual e volitiva capaz de erros e dúvidas. A ciência perceptual de um animal não precisa e nem poderia compreender um equivalente dos conceitos "existência", "identidade" e "consciência". Ele lida com eles constantemente, está ciente de suas existentes, reconhece várias identidades, mas os considera (e a si mesmo) como dados e não conseguem conceber alternativa alguma. É apenas a consciência humana, uma consciência capaz de erros conceituais, que precisa de identificação especial do que é dado diretamente, para envolver e delimitar todo o campo de sua ciência – delimitá-lo do vácuo da irrealidade à qual os erros conceituais podem levar. Conceitos axiomáticos são diretrizes epistemológicas. Elas somam a essência de toda a cognição humana: algo *existe* e sou consciente disso; eu *preciso* descobrir sua *identidade*.

O conceito "existência" não indica quais existentes ele agrupa; ele meramente delineia o fato primário de que eles *exis-*

tem. O conceito "identidade" não indica as naturezas particulares dos existentes que ele agrupa; meramente delineia o fato primário de que *eles são o que são*. O conceito "consciência" não indica de quais existentes alguém está consciente: ele apenas delineia o fato primário de que alguém está *consciente.*

Esse delineamento de fatos primários é uma das funções epistemológicas cruciais de conceitos axiomáticos. Ele é também a razão pela qual podem ser traduzidos em uma declaração somente na forma de repetição (como uma base e um lembrete): A existência existe – A consciência é consciente – A é A (isso converte conceitos axiomáticos em axiomas formais). Esse delineamento especial, que não é preocupação de animais, é uma questão de vida ou morte para o homem – como testemunha, há a filosofia moderna, que é um monumento aos resultados das tentativas de evitar ou desviar de tais lembretes.

Uma vez que conceitos axiomáticos se referem a fatos da realidade e não são uma questão de "fé" ou escolha arbitrária do homem, não há uma maneira para determinar se um dado conceito é axiomático ou não. Pode-se determiná-lo observando o fato de que um conceito axiomático não pode ser evitado, que é implícito em todo o conhecimento, que precisa ser aceito e usado mesmo no processo de qualquer tentativa de negá-lo.

Por exemplo, quando filósofos modernos declaram que axiomas são uma questão de escolha arbitrária e escolhem conceitos derivados e complexos como os supostos axiomas de seu suposto raciocínio, pode-se observar que suas declarações implicam ou dependem de "existência", "consciência", "identidade", que eles professam negar, mas que são infiltrados em seus argumentos na forma de conceitos "roubados" não-reconhecidos.

É válido de nota, a essa altura, que o que os inimigos da razão parecem saber, porém seus supostos defensores não descobriram, é o fato de que *conceitos axiomáticos são os guardiões da mente do homem e a fundação da razão* – a pedra angular, o

Conceitos Axiomáticos

lidite e o cunho da razão – e para que a razão seja destruída, são os conceitos axiomáticos que precisam ser destruídos.

Observe o fato de que nos escritos de toda escola de misticismo e irracionalismo, em meio a toda à miscelânea verborrágica ponderadamente incompreensível de ofuscações, racionalizações e equívocos (que incluem protestos de fidelidade à razão, e declara ter alguma forma "elevada" de racionalidade), mais cedo ou mais tarde, descobre-se uma negação clara, simples e explícita da validade (do *status* metafísico ou ontológico) de conceitos axiomáticos, mais frequentemente de "identidade". (Por exemplo, veja os trabalhos de Immanuel Kant [1724-1804] e Friedrich Hegel [1770-1831]). Você não precisa achar, inferir ou interpretar, eles lhe contam tudo. No entanto, o que você precisa saber é o significado completo, implicações e consequências de tais negações – que, na história da filosofia, parecem ser melhor compreendidas pelos inimigos da razão do que por seus defensores.

Uma das consequências (uma variante vulgar de roubo de conceitos, prevalente entre místicos e irracionalistas declarados) é uma falácia que chamo de *Reificação do Zero*. Ela consiste em considerar o "nada" uma *coisa*, como um tipo especial e diferente de *existente* (veja o Existencialismo). Essa falácia produz sintomas como a noção de que presença e ausência, ser ou não--ser, são forças metafísicas de poder igual e que ser é a ausência de não-ser. Isto é: "O Nada precede o ser", Jean-Paul Sartre (1905-1980); "A finitude humana é a presença do *não* no ser do homem", William Barrett (1913-1992); "Nada é mais real do que o nada", Samuel Beckett (1906-1989); *"Das Nichts nichtet"* ou "Nada nulifica", Martin Heidegger (1889-1976).

A consciência, então, não é coisa, mas sim *negação*. O sujeito não é uma coisa, é uma *não*-coisa. O sujeito constrói seu próprio mundo do Ser por meio de determinações negativas. Sartre descreve a consciência como um "nada do nada" (*neant neantisant*). *Ela é* uma forma de ser além de si própria, um modo "que ainda há de ser o que é, ou seja, que é o que é, ou seja, que é o que não é e que não é o que é"[18].

O motivo? "Expressões genuínas sobre o nada sempre precisam continuar incomuns. Não podem se tornar comuns. Não se dissolvem quando colocadas no ácido barato do mero acume lógico", escreveu Heidegger.

Os protestos de lealdade à razão são insignificantes; a "razão" não é um conceito axiomático, mas sim um conceito derivado complexo e, principalmente desde Kant, a técnica filosófica de roubo de conceitos, ou tentativa de negar a razão por meio da razão, se tornou um clichê, um trunfo claramente desgastado. Você quer avaliar a racionalidade de uma pessoa, teoria ou sistema filosófico? Não questione sobre seu posicionamento sobre a validade da razão. Procure o posicionamento sobre conceitos axiomáticos. Isso lhe contará a história inteira.

---

[18] HAWTON, Hector. *The Feast of Unreason.* Londres: Watts & Co., 1952, p. 162.

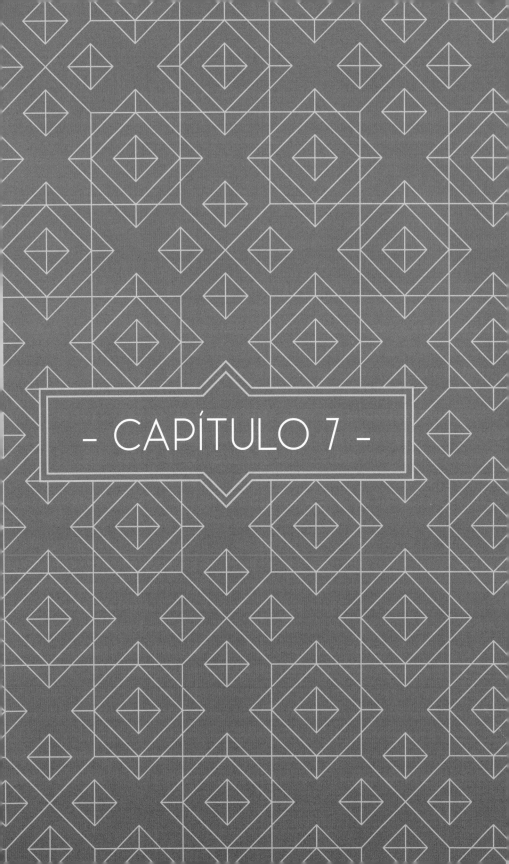

CAPÍTULO 7

O Papel Cognitivo dos Conceitos

A história do experimento a seguir foi contada em uma sala de aula universitária por um professor de psicologia. Não atesto a validade das conclusões numéricas específicas obtidas, uma vez que eu não pude checá-las em primeira mão. Contudo, devo citá-lo aqui porque é o jeito mais claro de ilustrar um aspecto fundamental particular de consciência – de qualquer consciência, animal ou humana.

O experimento foi conduzido para avaliar até onde vai a habilidade de pássaros lidarem com números. Um observador oculto acompanhou o comportamento de uma revoada de corvos reunidos em uma clareira na floresta. Quando um homem chegou à clareira e entrou na floresta, os corvos se esconderam no topo das árvores e não saíram até que ele voltasse e partisse pelo caminho pelo qual veio. Quando três homens entraram na floresta e só dois retornaram, os corvos não saíram. Eles esperaram até que o terceiro fosse embora. Contundo, quando cinco homens entraram na floresta e apenas quatro voltaram, os corvos saíram do esconderijo. Aparentemente, o poder de discriminação deles não vai além de três unidades e sua habilidade matemática-perceptual consistia em uma sequência como: um-dois-três-vários.

Independente desse experimento ser preciso ou não, a verdade do princípio ilustrada por ele pode ser avaliada *introspectivamente*. Se omitirmos todo o conhecimento conceitual, incluindo a habilidade de contar em termos de números, e tentarmos ver quantas unidades (ou existentes de um certo tipo) podemos discriminar, lembrar e lidar por meios puramente perceptuais (isto é, visualmente ou auditivamente, mas *sem contar*), descobriremos que o alcance da habilidade *perceptual* humana pode ser maior, porém não muito maior do que a do corvo: podemos compreender e reter cinco ou seis unidades no máximo.

Esse fato é a melhor demonstração do papel cognitivo dos conceitos.

Uma vez que a consciência é uma faculdade específica, ela tem uma natureza específica ou identidade e, portanto, seu alcance é limitado. Não consegue perceber tudo de uma vez, já que a ciência, em todos os seus níveis, exige um processo ativo e tampouco faz tudo de uma vez. Sejam as unidades tratadas por alguém percepções ou conceitos, o alcance do que o homem consegue reter no foco de sua ciência consciente em qualquer momento é limitado. Assim sendo, a essência do poder cognitivo incomparável do homem é a habilidade de reduzir uma vasta quantidade de informação a um número mínimo de unidades, tarefa esta executada por sua faculdade conceitual. E o princípio de *economia de unidades* é um dos princípios orientadores essenciais desta faculdade.

O Papel Cognitivo dos Conceitos

Observe a operação desse princípio no campo da matemática. Se o experimento supracitado fosse executado em um homem ao invés de corvos, ele seria capaz de contar e, portanto, lembrar de um grande número de homens atravessando a clareira (o tamanho do número dependeria do tempo disponível para percebê-los todos e contá-los).

Um "número" é um símbolo mental que integra unidades em uma só unidade maior (ou subdivide uma unidade em frações) com referência ao número básico de "um", que é o símbolo mental básico de "unidade". Portanto, "5" representa ||||| (metafisicamente, o referente de "5" são quaisquer cinco existentes de um tipo especificado; epistemologicamente, são representados por um símbolo só).

Contar é um processo automatizado e rápido de reduzir o número de unidades mentais que alguém precisa reter. No processo de contar – "um, dois, três, quatro, etc." – a consciência de um homem retém apenas uma unidade mental por algum tempo, ou seja, a unidade mental específica que representa a soma que ele identificou na realidade (sem precisar reter a imagem perceptual das existentes compondo essa soma). Se ele alcançar, digamos, a soma de 25 (ou 250), ainda é uma só unidade, fácil de lembrar e de lidar. Contudo, projete na sua própria consciência, se eu agora lhe desse a mesma soma por meio de unidades perceptuais: |||||||| etc.

Observe o princípio da economia de unidades na estrutura do sistema decimal, que exige que a mente humana mantenha apenas dez símbolos (incluindo o zero) e uma regra simples de notação para números maiores ou frações. Considere os métodos algébricos pelos quais páginas de cálculos complexos são reduzidos a uma só simples equação. Matemática é uma ciência de *método* (a ciência da mensuração, ou seja, de estabelecer relações quantitativas), e um método cognitivo que permite ao homem executar uma série ilimitada de integrações. A matemática indica o padrão do papel cognitivo de conceitos e a necessidade *psicoepistemológica* que eles atendem. A conceitualização é um *método* de expandir a consciência do homem ao se reduzir o número de suas unidades de conteúdo – um meio sistemático para uma integração ilimitada de dados cognitivos.

Um conceito substitui um símbolo (uma palavra) pela enormidade do agregado perceptual dos concretos que ela agrupa. Para executar sua função redutora de unidades, o símbolo se tornou automatizado na consciência humana, isto é, a enorme soma de seus referentes precisa estar disponível (implicitamente) instantaneamente em sua mente sempre que ele usa esse conceito, sem a necessidade de visualização perceptual ou sumarização mental – do mesmo modo que o conceito "5" não exige que visualize cinco palitinhos toda vez que ele o usa.

A título de exemplo, se um homem compreendeu plenamente o conceito "justiça", não precisa recitar para si mesmo um longo tratado sobre seu sentido quando ouve as evidências em um caso no tribunal. A mera frase "Eu preciso ser justo" tem esse significado em sua mente automaticamente e deixa sua atenção consciente livre para assimilar a evidência e avaliá-la de acordo com um conjunto complexo de princípios (e, em caso de dúvida, o lembrete consciente do significado preciso de "justiça" lhe fornece as diretrizes que ele precisa).

É o princípio de economia de unidades que necessita da definição de conceitos em termos de características *essenciais*. Se, quando em dúvida, um homem se lembra de uma definição de um conceito, as características essenciais lhe darão uma compreensão instantânea do significado do conceito, ou seja, da natureza de seus referentes. Por exemplo, se ele está considerando alguma teoria social e se recorda que "o homem é um animal racional", avaliará a validade da teoria de acordo, mas se, ao invés disso, ele se lembrar que "o homem é um animal provido de polegares", sua avaliação e conclusão serão diferentes.

O Papel Cognitivo dos Conceitos

Aprender a falar é um processo de automatização do uso (isto é, o significado e aplicação) de conceitos. E mais, todo aprendizado envolve um processo de automatização, ou seja, de primeiro adquirir conhecimento por meio de atenção plenamente consciente e focada e observação, e depois estabelecer conexões mentais que tornem esse conhecimento automático (instantaneamente disponível como um contexto), assim liberando a mente do homem para buscar além um conhecimento mais complexo.

O *status* de conhecimento automatizado em sua mente é experimentado pelo homem como se tivesse a qualidade (e certeza) direta, autoevidente e sem esforços de ciência perceptual. No entanto, é conhecimento *conceitual*, e sua validade depende da precisão de seus conceitos, o que exige uma precisão tão estrita quanto a de significado (ou seja, tão estrito quanto o conhecimento de quais referentes específicos eles agrupam), como as definições de termos matemáticos (é óbvio que seria catastrófico se alguém automatizasse erros, contradições e aproximações indefinidas).

Isso nos leva a um aspecto crucial do papel cognitivo de conceitos: *conceitos representam condensações de conhecimento*, que possibilitam estudos adicionais e a divisão de trabalho cognitivo.

Lembre-se que o nível perceptual de ciência é a base do desenvolvimento conceitual do homem. Ele forma conceitos como um sistema de classificação sempre que o escopo de dados perceptuais se torna grande demais para ser tratado por sua mente. Conceitos representam tipos específicos de existentes, incluindo todas as características destas, observadas e ainda não-observadas, conhecidas e desconhecidas.

É crucialmente importante compreender que um conceito é classificado com uma "ponta solta", o que inclui as características ainda não descobertas de um dado grupo de existentes. Todo o conhecimento humano é baseado nesse fato.

O padrão funciona da seguinte maneira: quando uma criança assimila o conceito "homem", o conhecimento representado por esse conceito em sua mente consiste em dados perceptuais, como a aparência visual de um homem, o som de sua voz, etc. Quando a criança aprende a diferenciar entidades vivas e matéria inanimada, ela atribui uma nova característica, "vivo", à entidade que ele designa como "homem". Quando aprende a diferenciar diversos tipos de consciência, ele inclui uma nova característica em seu conceito de homem, "racional", e assim por diante. O princípio implícito que guia esse processo é: "Eu sei que existe uma entidade como homem; conheço várias de suas características, mas ele tem várias outras que não conheço e preciso descobrir". Então, o mesmo princípio direciona o estudo de todo outro tipo de existentes perceptualmente isoladas e conceitualizadas.

O mesmo princípio direciona o acúmulo e transmissão do conhecimento da Humanidade. Do conhecimento de um selvagem sobre o que é um homem, que não era muito maior do que o de uma criança, ao presente nível, quando cerca de metade das ciências (as humanas) são dedicadas ao estudo do homem, o *conceito* "homem" não mudou. Ele se refere ao mesmo tipo de entidades. O que mudou e aumentou foi o conhecimento dessas entidades. As definições de conceitos podem mudar com as transformações na designação de características essenciais e reclassificações conceituais podem acontecer com a expansão do conhecimento, mas essas mudanças são possibilitadas por um conceito e não alteram o fato de que ele agrupa todos as características de seus referentes, incluindo o ainda não-descoberto.

Uma vez que conceitos representam um sistema de classificação cognitiva, um determinado conceito serve (metaforicamente falando) como uma pasta de arquivos na qual a mente humana arquiva seu conhecimento das existentes que ele agrupa. O conteúdo de tais pastas varia de um indivíduo para o outro,

O Papel Cognitivo dos Conceitos

de acordo com o grau de seu conhecimento – vai da informação generalizada e primitiva na mente da criança, ou de um analfabeto, até a soma incrivelmente detalhada da mente de um cientista –, mas pertence aos mesmos referentes, ao mesmo tipo de existentes e ainda é agrupado sob o mesmo conceito. Esse sistema de arquivamento possibilita atividades como aprendizado, educação, pesquisa, e o acúmulo, transmissão e expansão do conhecimento (é a obrigação epistemológica de todo indivíduo saber o que há em seu arquivo mental em relação a qualquer conceito que use para mantê-lo integrado aos seus outros arquivos mentais, e para buscar mais informações quando ele precisar checar, corrigir ou expandir seu conhecimento).

A extensão da confusão atual sobre a natureza da faculdade conceitual humana é eloquentemente demonstrada pelo seguinte: é precisamente o caráter de "ponta solta" de conceitos, a essência de sua função cognitiva, que filósofos modernos citam em suas tentativas de demonstrar que conceitos não têm validade cognitiva. "*Quando* poderemos afirmar que sabemos o que um conceito representa?", eles bradam, e oferecem, como um exemplo do predicamento do homem, o fato que alguém pode acreditar que todos os cisnes sejam brancos até descobrir a existência de um cisne negro e, portanto, reconhecer que esse conceito foi invalidado.

Esta visão sugere a pressuposição não-admitida de que conceitos não são um dispositivo cognitivo do tipo de consciência humana, mas um repositório de onisciência fechada e fora de contexto, e que conceitos se referem não às existentes do mundo externo, mas ao estado de conhecimento congelado e aprisionado em qualquer consciência em qualquer momento determinado. Sob tal premissa, todo avanço de conhecimento é um contratempo, uma demonstração da ignorância do homem. Por exemplo, os selvagens sabiam que o homem possui uma cabeça, um torso, duas pernas e dois braços; quando os cientistas da

Renascença começaram a dissecar corpos e conheceram a natureza dos órgãos internos humanos, invalidaram o conceito de "homem" dos selvagens; quando cientistas modernos descobriram que o homem possui glândulas internas, eles invalidaram o conceito de "homem" renascentista, etc.

Como uma criança mimada e desiludida que esperava cápsulas pré-digeridas de conhecimento automático, um positivista lógico esperneia para a realidade e chora alegando que contexto, integração, esforço mental e indagações em primeira mão são demais para se esperar dele, que os rejeita exigindo um método de cognição, e que criará seus próprios "construtos" daqui por diante (isso culmina, na verdade, na declaração: "Já que o intrínseco não serviu para nós, o subjetivo é a nossa única alternativa"). Tolice daqueles que os ouviram. É esse expoente de um anseio primordial místico em busca de uma onisciência automática, rígida e sem esforços, que os homens modernos acreditam que possam usar para advogar uma ciência progressiva, fluida e dinâmica.

É o caráter de "ponta solta" de conceitos que permite a divisão do trabalho cognitivo entre os homens. Um cientista não poderia se especializar em um ramo de estudos em particular sem um contexto mais amplo, sem a correlação e integração de seu trabalho com outros aspectos do mesmo assunto. Considere, por exemplo, a ciência da medicina. Se o conceito "homem" não for o unificador dessa ciência (se alguns cientistas estudaram apenas o pulmão humano; outros, apenas o estômago; outros ainda, apenas a circulação sanguínea; e mais outros ainda, apenas a retina), se todas as novas descobertas não fossem atribuídas à mesma entidade e, portanto, não fossem integradas em conformidade com a lei da não-contradição, o colapso da ciência médica não estaria muito longe de acontecer.

Nenhuma só mente consegue conter todo o conhecimento disponível à Humanidade hoje, quiçá contê-lo minuciosamente. Além disso, esse conhecimento precise ser integrado e mantido aberto à compreensão individual e verificação para que a ciência não desabe sob o peso de minúcias contraditórias, não-relacionadas e sem provas. Apenas a mais rigorosa precisão epistemológica pode implementar e proteger o avanço da ciência. Somente as mais estritas e contextualmente absolutas definições de conceitos conseguem permitir que os homens integrem seu conhecimento a fim de continuar expandindo sua estrutura conceitual de forma severamente hierárquica, formando novos conceitos quando e como for necessário – e, portanto, condensando informações e reduzindo o número de unidades mentais com as quais precise lidar.

Ao invés disso, os homens são ensinados pelos guardiões da epistemologia científica, os filósofos, que a precisão conceitual é impossível, que a integração é indesejável, que conceitos não têm referentes factuais, que um conceito não denota nada além de sua característica definidora e que representa nada além de uma convenção social arbitrária, e que um cientista não deve fazer consultas públicas para descobrir o significado dos conceitos que ele usa ("não procure o significado, procure seu uso"). As consequências de tais doutrinas estão se tornando aparentes em todos os ramos da ciência atualmente, e mais obviamente nas ciências humanas.

Conceitos representam um sistema de arquivamento mental e preenchimento cruzado tão complexo, que o mais poderoso computador seria um brinquedo infantil em comparação. Esse sistema serve como o contexto, o molde de referência, por meio do qual o homem compreende e classifica (e estuda mais) cada existente que ele encontra e cada aspecto da realidade. A linguagem é a implementação física (visual-auditiva) desse sistema.

Conceitos e, portanto, linguagem são *primariamente* uma ferramenta de cognição – *não* de comunicação, como assume-se normalmente. A comunicação é meramente a consequência, não a causa nem o propósito primário da formação de conceitos – uma consequência crucial de importância valiosa para os homens, mas ainda assim apenas uma consequência. *A cognição precede a comunicação;* a pré-condição necessária para a comunicação é ter o quê comunicar (isso é verdadeiro até mesmo na comunicação entre animais, ou por meio de grunhidos e afins entre homens que não articulam a fala, sem mencionar a comunicação por meios de ferramentas tão complexas e exigentes como as linguagens). O propósito primário de conceitos e da linguagem é fornecer ao homem um sistema de classificação cognitiva e organização que permita que ele adquira conhecimento em uma escala ilimitada – isso significa: manter a ordem na mente humana e permitir que ele pense.

Vários tipos de existentes são integradas a conceitos e representadas por palavras especiais, mas vários outros não o são e acabam identificados apenas por meio de descrições verbais. O que determina a decisão do homem para integrar um certo grupo de existentes em um conceito? As exigências de cognição (e o princípio da economia de unidades).

Há uma grande quantidade de latitude na periferia do seu vocabulário conceitual, uma área ampla em que a escolha é opcional, porém, em relação a certas categorias centrais de existentes, a formação de conceitos é obrigatória. Isso inclui categorias como: (a) os concretos perceptuais com os quais os homens lidam diariamente, representados pelo primeiro nível de abstrações; (b) novas descobertas de ciência; (c) novos objetos feitos pelo homem que diferem em suas características essenciais dos objetos conhecidos anteriormente (como a "televisão"); (d) relações humanas complexas envolvendo combinações de comportamento físico e psicológico (tais como: "casamento", "direito", "justiça").

Essas quatro categorias representam existentes com as quais o homem lida constantemente, em vários contextos diferentes, oriundas de diversos aspectos, seja em ação física cotidiana ou, mais crucialmente, em ação mental e estudos adicionais. O peso mental de carregar essas existentes na cabeça por meio de imagens perceptuais, ou longas descrições verbais, é tamanho que nenhuma mente humana consegue suportá-lo. A necessidade de condensação, de redução de unidades, é óbvia nesses casos.

Para exemplificar, indico a minha breve análise sobre a necessidade de formar o conceito "justiça" (no capítulo sobre "Definições"). Se o conceito não existisse, que *número* de considerações um homem precisaria ter em mente, simultaneamente, em cada passo do processo de julgar outro homem? Ou se o conceito "casamento" não existisse, que número de considerações um homem precisaria ter em mente e expressar quando pedisse a mão de uma mulher? – pergunte a si mesmo o que esse conceito agrupa e condensa em sua própria mente.

A complexidade descritiva de um determinado grupo de existentes, a frequência de seu uso e as exigências de cognição (ou estudos adicionais) são as principais razões para a formação de novos conceitos. Dessas razões, as exigências de cognição são as maiores.

As exigências de cognição proíbem o agrupamento arbitrário de existentes, tanto em relação a isolamento quanto a integração. Elas proíbem a cunhagem aleatória de conceitos especiais para designar todo e qualquer grupo de existentes com qualquer combinação possível de características. Ou seja, não há conceito para designar "loiras bonitas e altas de olhos azuis e 24 anos de idade". Tais entidades ou agrupamentos são identificados *descritivamente.* Se um conceito tão especial existisse, levaria a uma duplicação ou esforço cognitivo sem sentido (e a um caos conceitual), pois tudo de significante descoberto sobre aquele grupo se aplicaria a todas as outras jovens também. Não haveria justificativa cognitiva para tal conceito, a menos que alguma característica *essencial* fosse descoberta, distinguindo essas loiras de todas as outras mulheres, exigindo um estudo especial, caso em que um conceito especial se tornaria necessário.

Essa é a razão pela qual subdivisões conceituais como "mesa de jantar", "mesa de centro", etc., não são designadas por seus conceitos especiais, mas são tratadas como instâncias qualificadas do conceito "mesa" – como mencionado no capítulo sobre "Abstração de Abstrações".

No processo de determinar classificações conceituais, nem as semelhanças essenciais, nem as diferenças essenciais entre existentes podem ser ignoradas, evitadas ou omitidas, uma vez que tenham sido observadas. Assim como as exigências de cognição proíbem a subdivisão arbitrária de conceitos, também proíbem a integração arbitrária de conceitos em um mais amplo por meio da obliteração de suas diferenças *essenciais* – o que é um erro (ou falsificação) advindo de definições de não-essenciais (este é o método envolvido na obliteração de conceitos válidos por meio de "anticonceitos").

A título de exemplo, se alguém considerasse a capacidade de correr como uma característica essencial do homem e o definisse como "um animal que corre", o próximo passo seria a tentativa de eliminar distinções "não-essenciais" e formar um conceito único e mais elevado de "entidades corredoras", como um homem que corre, um rio que corre, uma porta de correr, um filme corrido, etc. (no mesmo âmbito da noção de que entidades não têm prioridade epistemológica sobre ações). O resultado seria o embrutecimento cognitivo e a desintegração epistemológica.

Cognitivamente, uma tentativa assim não produziria nada além de um misto ruim de equívocos, metáforas fracas e conceitos "roubados" e não-reconhecidos. Epistemologicamente, produziria a atrofia da capacidade de discriminar e o pânico de encarar um caos imenso e indistinto de dados ininteligíveis

O PAPEL COGNITIVO DOS CONCEITOS

– o que significa: o retrocesso de uma mente adulta ao nível *perceptual* de ciência, ao terror desamparado do homem primitivo (isso acontece atualmente em certas escolas de biologia e psicologia, cuja falsa definição do conceito "aprendizado" levou a tentativas de equiparar o "comportamento" de uma peça de ferro magnetizada com o "comportamento" humano).

As exigências de cognição determinam os critérios *objetivos* de conceituação. Eles podem ser melhor reunidos na forma de uma "navalha" epistemológica: *conceitos não devem ser multiplicados além* da necessidade – cujo corolário é: *eles* nem devem *ser integrados ao descuido da necessidade.*

Quanto à área opcional de formação de conceitos, ela consiste predominantemente de subdivisões que denotam tons sutis de sentido, como adjetivos que são quase, mas não completamente, sinônimos. Essa área é a província especial dos artistas literários, pois representa uma forma de economia de unidades que permite uma enorme eloquência de expressões (incluindo evocações emocionais). A maioria das línguas tem palavras que não possuem um equivalente de uma só palavra em outras línguas. Contudo, uma vez que palavras precisam ter referentes objetivos, tais conceitos "opcionais" de uma língua podem e são traduzidos em outros por meio de frases descritivas.

A área opcional inclui também a categoria favorita (e espantalho) de filósofos modernos: o "caso limítrofe".

Por "caso limítrofe" referem-se a existentes que compartilham algumas características com os referentes de um dado conceito, mas que não possuem outras; ou que compartilham de características com os referentes de dois conceitos diferentes e são, na verdade, o meio do caminho epistemológico – por exemplo, certos organismos primitivos que biólogos não conseguem classificar plenamente como animais ou plantas.

Os exemplos prediletos dos filósofos modernos para esse "problema" são expressos em perguntas como: "Qual tom preciso de cor representa o limite conceitual entre 'vermelho' e 'laranja'?"; "Se você nunca tivesse visto cisnes que não fossem brancos e então descobrisse um cisne negro, por qual critério você decidiria classificá-lo: como um 'cisne' ou dar-lhe um novo nome e cunhar um conceito novo?"; "Se você descobrisse a existência de um marciano racional, mas em um corpo aracnídeo, você o classificaria como um animal racional, ou seja, como 'homem'?"

Tudo isso é acompanhado da queixa de que "a natureza não nos diz qual escolha fazer" e implica demonstrar que conceitos representam agrupamentos arbitrários formados por caprichos humanos (sociais), que eles não são determinados por critérios objetivos e não têm validade cognitiva.

O que essas doutrinas demonstram é a falha em compreender o papel cognitivo dos conceitos – ou seja, o fato de que as exigências de cognição determinam os critérios objetivos de formação de conceitos. A classificação conceitual de existentes recém-descobertas depende da natureza e extensão de suas diferenças e semelhanças com as existentes anteriormente conhecidas.

No caso de cisnes negros, é objetivamente obrigatório classificá-los como "cisnes", porque virtualmente todas as suas características são semelhantes às características de cisnes brancos e a diferença na cor não tem significância cognitiva (conceitos não devem ser multiplicados além do necessário). No caso da aranha racional de Marte (se tal criatura fosse possível), as diferenças entre ela e o homem seriam tão grandes, que o estudo de um dificilmente se aplicaria ao do outro e, portanto, a formação de um novo conceito para designar os marcianos seria objetivamente obrigatório (conceitos não devem ser integrados sem necessidade).

No caso de existentes cujas características são igualmente equilibradas entre os referentes de dois conceitos diferentes

O Papel Cognitivo dos Conceitos

– como os organismos primitivos, ou os tons de transição de um contínuo de cores –, não há necessidade cognitiva de classificá-las sob nenhum dos dois (ou de qualquer outro) conceitos. A escolha é opcional: pode-se designá-las como uma subcategoria de qualquer um desses conceitos, ou (no caso de um contínuo) pode-se desenhar linhas divisoras aproximadas (sob o princípio de "não mais do que X, não menos do que Y"), ou alguém pode identificá-las *descritivamente* – tal os nominalistas estão fazendo quando apresentam o "problema".

Esse "problema" é um espantalho, no sentido de que é um problema apenas para as tradicionais teorias realistas de universais, que alegam que conceitos são determinados por e se referem a arquétipos ou "essências" metafísicas.

Deve-se perguntar, a essa altura: quem, então, deveria manter a ordem na organização do vocabulário conceitual do homem, sugerir as mudanças ou expansões de definições, formular os princípios de cognição e os critérios de ciência, proteger a objetividade de métodos e de comunicações dentro e entre as ciências especiais e fornecer as diretrizes para a integração do conhecimento da Humanidade? A resposta é: *filosofia*. Essas são, precisamente, as tarefas da epistemologia. A responsabilidade mais alta dos filósofos é servir como guardiões e integradores do conhecimento humano.

Essa é a responsabilidade sobre qual a filosofia moderna não apenas se padronizou, mas, pior ainda, a que foi revertida. Ela tomou a liderança na desintegração e destruição do conhecimento e já fez de tudo, exceto cometer suicídio, no processo.

A filosofia é a fundação da ciência; a epistemologia é a fundação da filosofia. E é com uma nova abordagem à epistemologia que o renascimento da filosofia há de começar.

- CAPÍTULO 8 -

CAPÍTULO 8
CONSCIÊNCIA E IDENTIDADE

A organização de conceitos em proposições e os princípios mais amplos da linguagem – assim como os problemas adicionais da epistemologia – estão fora do escopo deste trabalho, que se preocupa apenas com a natureza dos conceitos. Contudo, alguns aspectos dessas questões devem ser apontados.

No campo da cognição, uma vez que conceitos executam uma função semelhante à dos números no campo da matemática, a função da proposição é semelhante à de uma equação: ela aplica abstrações conceituais a um problema específico.

Uma proposição, no entanto, pode executar essa função apenas se os conceitos dos quais ela é composta têm significados precisamente definidos. Se, no campo da matemática, números não tivessem valores fixos firmados, se eles fossem meras aproximações determinadas pelo humor de seus usuários – de modo que "5", por exemplo, poderia significar 5 em alguns cálculos e

6,5, ou 4 e ¾, em outros, segundo a "conveniência" do utilizador – não haveria a ciência matemática.

Ainda assim, *essa* é a maneira a qual muitas pessoas usam conceitos, e são ensinadas a fazê-lo.

Acima das abstrações de primeiro nível de concretos perceptuais, a maioria das pessoas consideram conceitos como aproximações frouxas, sem definições firmes, significados claros ou referentes específicos. E quanto maior a distância de um conceito de seu nível perceptual, mais vago seu conteúdo. A começar pelo hábito mental de aprender palavras sem compreender seus significados, as pessoas acham impossível compreender abstrações superiores, e seu desenvolvimento conceitual consiste em condensar névoa em névoa mais densa, até a estrutura hierárquica de conceitos se desfazer em suas mentes, perdendo todos os vínculos com a realidade. Conforme perdem a capacidade de entender, a sua educação se torna um processo de memorizar e imitar. Esse processo é encorajado e, muitas vezes, exigido por muitos professores modernos que repassam uma informação fragmentada e aleatória, sem contexto, em termos indefinidos, ininteligíveis e contraditórios.

O resultado é uma mentalidade que trata as abstrações de primeiro nível, os conceitos de existentes físicas como se fossem percepções, e é incapaz de avançar muito além, sem conseguir integrar um novo conhecimento ou identificar sua própria experiência; uma mentalidade que não descobriu o processo de conceitualização em termos conscientes, não aprendeu a adotá-la como uma política ativa, contínua e autoiniciada e está presa em um nível concreto, lidando apenas com o que é dado, com as preocupações do momento, dia ou ano imediato, ansiosamente sentindo um abismo do desconhecível por todos os lados.

Para tais mentalidades, conceitos superiores são fragmentos indeterminados pairando no abismo, pegos e usados aleatoriamente, com um inominável senso de culpa, com o terror crônico de um vingador temeroso que aparece na forma da pergunta: "O que você quis dizer?"

Palavras, como essas pessoas as usam, denotam sentidos indefinidos, motivos inadmitidos, impulsos subconscientes, associações de sorte, sons memorizados, fórmulas ritualísticas, palpites de segunda mão, todos estes presos como cracas em alguma sugestão flutuante de algum referente existencial. Consequentemente (uma vez que não se pode formar conceitos de consciência sem referência a seu conteúdo existencial), o campo da introspecção para essas pessoas é uma selva intocada na qual nenhuma trilha conceitual foi criada ainda. Elas são incapazes de discernir pensamentos de emoções, cognição de avaliação, observação de imaginação, incapazes de discriminar entre existência e consciência, entre objeto e sujeito, incapazes de identificar o sentido de qualquer estado interior, e elas passam suas vidas como prisioneiras intimidadas dentro de seus próprios crânios, temendo olhar para a realidade, paralisadas pelo mistério de suas próprias consciências.

Essas são as mentalidades que a filosofia moderna agora pede que aceitemos como critério do significado de conceitos.

Há um elemento de ironia sinistra no surgimento da Análise Linguística da cena filosófica. O ataque à faculdade conceitual do homem tem se acelerado desde Kant, aumentando a brecha entre a mente humana e a realidade. A função cognitiva de conceitos foi desvalorizada por uma série de dispositivos grotescos – como, por exemplo, a dicotomia "analítica-sintética" na qual, por meio de circunlocuções tortuosas e equívocos, leva ao dogma de que uma proposição "necessariamente" verdadeira não pode ser factual e uma proposição factual não pode ser "necessariamente" verdadeira. O ceticismo crasso e cinismo epistemológico da influência de Kant tem vazado das universidades às artes, ciências, indústrias, legislativo, saturando nossa cultura, decompondo linguagem e pensamento. Se era necessário um esforço filosófico hercúleo para limpar os estábulos kantianos – mais especificamente, para recobrar a linguagem ao estabelecer critérios objetivos de significado e definição, que homens comuns não conseguiriam – a hora era agora. Como se sentindo essa necessidade, a Análise Linguística veio à cena com o propósito declarado de "esclarecer" a linguagem, e acabou por declarar que o significado de conceitos é determinado nas mentes de homens medianos e que o trabalho dos filósofos consiste em observar e reportar como as pessoas usam palavras.

A *reductio ad absurdum* [redução ao absurdo] de uma longa linhagem de mini-kantianos – tais os pragmatistas e positivistas –, a Análise Linguística defende que palavras são um produto social arbitrário imune a quaisquer princípios ou padrões, um primário irredutível que não é sujeito a indagações sobre sua origem ou propósito, e que podemos "dissolver" todos os problemas filosóficos "esclarecendo" o uso desses sons arbitrários, sem causa e sentido, que mantêm um poder derradeiro sobre a realidade (a confissão psicológica implícita é óbvia: é uma tentativa de formalizar e elevar a qualidade de segunda mão a uma vocação filosófica).

A partir da premissa que conceitos de palavras são criados por capricho, a Análise Linguística nos oferece uma seleção de caprichos: individual ou coletivo. Ela afirma que há dois tipos de definições: "estipulativo", que pode ser qualquer coisa que alguém queira, e "reportiva", que é determinada pela seleção do uso popular.

Como relatores, analistas linguísticos foram precisos: a teoria de Ludwig Wittgenstein (1889-1951) de que um conceito se refere a um conglomerado de coisas vagamente vinculadas por uma "semelhança familiar" é uma descrição perfeita do estado de uma mente fora de foco.

Essa é a condição atual da filosofia. Se, em décadas recentes, houve uma enorme "drenagem cerebral" das ciências humanas, com as melhores mentes procurando fugir e o conhecimento *objetivo* nas ciências físicas (conforme demonstrado pela escassez de grandes nomes ou conquistas nas humanas), não é sequer preciso buscar profundamente as causas disso. A fuga, no entanto, é ilusória. Não são as ciências especiais que ensinam o homem a pensar; é a filosofia que estabelece os critérios epistemológicos de todas as ciências especiais.

Para compreender e reclamar o poder da filosofia, deve-se começar por compreender por que conceitos e definições não podem, nem devem, ser arbitrários. Para uma compreensão plena, primeiro é necessário entender a razão pela qual o homem precisa de uma ciência como a epistemologia. Ele não é nem infalível, nem omnisciente; se fosse, uma disciplina como a epistemologia – a teoria do conhecimento – não seria necessária, nem possível, pois seu conhecimento seria automático, inquestionável e total. Contudo, essa não é a sua natureza. O homem é um ser de consciência volitiva. Além do nível de percepções – um nível inadequado às exigências cognitivas de sua sobrevivência –, precisa adquirir conhecimento por meio de seu próprio esforço, o que ele pode exercer ou não, e por um processo de raciocínio, que pode ou não aplicar corretamente. A natureza não lhe dá garantia automática de sua eficácia mental; é capaz de erro, evasão ou distorção psicológica. Precisa de um *método* de cognição que ele próprio tem de descobrir. Ele precisa descobrir como usar sua faculdade racional, como validar suas conclusões, como discernir mentira de falsidade, como estipular os critérios do *que* ele pode aceitar como conhecimento. Duas questões estão envolvidas em cada conclusão, convicção, decisão, escolha ou alegação: "*O que* eu sei?" e "Como eu sei isso?".

A tarefa da epistemologia é fornecer a resposta ao "Como?", o que então permite que as ciências especiais forneçam as respostas ao "O quê?".

Na história da filosofia – com algumas raras exceções – teorias epistemológicas têm consistido em tentativas de escapar de uma das duas perguntas fundamentais que não podem ser evitadas. Os homens foram ensinados que ou o conhecimento é impossível (ceticismo), ou que está disponível sem esforços (misticismo). Estas duas posições parecem antagônicas, mas são, na verdade, duas variantes do mesmo tema, dois lados da mesma moeda fraudulenta, a tentativa de escapar da responsabilidade da cognição racional e do absolutismo da realidade, a tentativa de atestar a primazia da consciência sobre a existência.

Embora ceticismo e misticismo sejam, em última instância, intercambiáveis e a dominância de um sempre leve à ressurgência do outro, eles diferem na forma de sua contradição interior – a contradição, em ambos os casos, entre sua doutrina filosófica e sua motivação psicológica. Filosoficamente, o místico normalmente é um expoente da escola intrínseca (revelada) da epistemologia; o cético é normalmente um advogado do *subjetivismo* epistemológico. Contudo, psicologicamente, o místico é um subjetivista que usa o intrinsecismo[19] como meio de declarar a primazia de sua consciência sobre a dos outros. O cético é um intrinsecista desiludido que, ao fracassar na busca de orientação sobrenatural automática, procura um substituto no subjetivismo coletivo de outros.

O motivo de todos esses ataques à faculdade racional do homem – de qualquer parte, em quaisquer variáveis infinitas,

---

[19] Ideia de que um valor ou objeto tem mérito em si mesmo, independentemente das relações que mantém com agentes externos. A qualidade de tais coisas ou ideias é constitutiva, e não relacional ou adquirida. Tal crença afirma que, assim sendo, há certos atos, valores e coisas que são intrinsecamente boas ou más, e por isso independem — em um primeiro instante — de adendos para que uma análise de qualidade seja realizada. (N. E.)

Consciência e Identidade

sob a poeira verbal de todos os volumes obscuros – é uma só premissa oculta: o desejo de eximir a consciência do princípio da identidade. O marco de um místico é a feroz e teimosa recusa em aceitar o fato de que a consciência, como qualquer outra existente, possui identidade, que é uma faculdade de uma natureza específica, funcionando por meios específicos. Enquanto o avanço da civilização tem eliminado uma área da magia após a outra, o último bastião dos que acreditam em milagres consiste em tentativas frenéticas de considerar *identidade* como o elemento *desqualificador* da consciência.

A premissa implícita, porém inadmitida, dos neo-místicos da filosofia moderna é a noção de que apenas uma consciência inefável pode adquirir um conhecimento válido da realidade, que o conhecimento "verdadeiro" precisa estar desprovido de causa, ou seja, ser adquirido sem qualquer meio cognitivo.

Todo o aparato do sistema de Kant é como um hipopótamo performando a dança do ventre, executando giros enquanto se mantém em um só ponto, o de que o conhecimento humano não é válido porque sua consciência possui identidade.

> Seu argumento, em essência, era o seguinte: o homem é *limitado* a uma consciência de natureza específica, que percebe por meios específicos e nenhum outro, portanto, sua consciência não é válida; o homem é cego porque tem olhos, surdo porque tem ouvidos, iludido porque tem uma mente, e as coisas que ele percebe não existem *porque* ele as percebe[20].

Isso é uma negação, não apenas da consciência humana, mas de *qualquer* consciência, seja da sua consciência, a de um inseto ou a de Deus (supondo a existência de Deus, a negação ainda se aplicaria: ou Deus não percebe por meio algum e, posto

---

[20] Em Ayn Rand, *Para o Novo Intelectual.*

isto, não possui identidade; ou Ele percebe por algum meio divino e mais nenhum outro, caso em que sua percepção não é válida). Assim como George Berkeley (1685-1753) negou a existência alegando que "ser é ser percebido", Kant também nega a consciência insinuando que ser percebido é não ser.

O que Kant insinuou por meio de trechos de verborreia ofuscante, seus seguidores mais fiéis declararam explicitamente. O escrito a seguir foi produzido por um kantiano:

> Com ele [Kant] tudo é fenomenal [mera aparência] o que é relativo, e tudo é relativo, o que quer dizer ser um objeto a um sujeito consciente. As concepções de entendimento também dependem muito da constituição de nossas faculdades de pensamento, como as percepções dos sentidos fazem na constituição de nossas faculdades intuitivas. Ambos *podem* ser diferentes, se nossas faculdades mentais mudassem; ambos provavelmente *são* diferentes em seres de constituição diferente. O *real*, portanto, se torna idêntico ao *absoluto*, com o objeto como sendo em si mesmo, fora de toda a relação com um sujeito; e, como toda consciência é uma relação entre sujeito e objeto, depreende-se que para obter um conhecimento do real precisamos sair da consciência[21].

Do misticismo primordial até isso, o seu clímax, o ataque à consciência humana e, particularmente, à sua faculdade conceitual, se posicionou sobre a premissa incontestada de que qualquer conhecimento adquirido por um *processo* de consciência é necessariamente subjetivo e não pode corresponder a fatos da realidade, uma vez que se trata de "conhecimento *processado*".

---

[21] MANSEL, Henry. "Sobre a Filosofia de Kant". *In*: CHANDLER, H. W. (Ed.). *Letters, Lectures and Reviews*. Londres: John Murray, 1873, p. 171.

CONSCIÊNCIA E IDENTIDADE

Não se engane acerca do significado atual dessa premissa. É uma revolta, não apenas contra ser consciente, mas quanto a estar vivo, uma vez que, de fato, na realidade, na Terra, cada aspecto de estar vivo envolve um processo de ações autogeradas e autossustentadas (este é um exemplo do fato de que a revolta contra a identidade é uma revolta contra a existência. "O desejo de não ser nada é o desejo de não ser")[22].

Todo conhecimento é conhecimento processado, seja no nível sensorial, perceptual ou conceitual. Um conhecimento "não-processado" seria um conhecimento adquirido sem meios cognitivos. A consciência (como mencionei na primeira frase desta obra) não é um estado passivo, mas sim um processo ativo. E mais, a satisfação de todas as necessidades de um organismo vivo exige um ato de *processamento* por parte do organismo, seja a necessidade de ar, comida ou conhecimento.

Ninguém contestaria (pelo menos, não ainda) que uma vez que o corpo do homem precisa *processar* a comida que consome, nenhuma regra objetiva de nutrição adequada poderia ser descoberta, pois a "nutrição verdadeira" precisa consistir na absorção de alguma substância inefável, sem a participação de um sistema digestivo, no entanto, como o homem é incapaz de "alimentação verdadeira", a nutrição é uma questão subjetiva aberta a seu capricho e meramente uma convenção social que o proíbe de comer cogumelos venenosos.

Ninguém contestaria que, uma vez que a natureza não diz ao homem automaticamente o que comer – assim como não lhe conta automaticamente como formar conceitos –, ele deveria abandonar a ilusão de que há um jeito certo, ou errado, de comer (ou que ele deveria retroceder à segurança da época em que não precisava "confiar" em evidências objetivas, mas podia contar com regras alimentares prescritas por um poder sobrenatural).

---

[22] Em Ayn Rand, *A Revolta de Atlas*.

Ninguém contestaria que o homem come pão invés de pedras puramente por uma questão de "conveniência".

É hora de outorgar à consciência do homem o mesmo respeito cognitivo que se concede ao seu corpo – isto é, a mesma *objetividade*.

A objetividade começa com a compreensão de que o homem (incluindo cada um de seus atributos e faculdades, inclusive sua consciência) é uma entidade de uma natureza específica que deve agir de acordo, que não há escapatória do princípio da identidade, nem no universo com o qual lida, nem com as atividades de sua própria consciência. E caso ele adquira conhecimento do primeiro, deve descobrir o método adequado de usar o segundo. Não há espaço para o *arbitrário* em qualquer atividade humana, menos ainda no seu método de cognição. Assim como ele aprendeu a ser guiado por critérios objetivos para fazer suas ferramentas físicas, também deve ser guiado por critérios objetivos para formar suas ferramentas de cognição: seus conceitos.

Assim como a existência física do homem foi libertada quando compreendeu o princípio de que "a natureza, para ser comandada, deve ser obedecida", sua consciência será libertada quando compreender que *a natureza, para ser apreendida, deve ser obedecida, que* as regras de cognição devem ser derivadas da natureza da existência e da própria natureza, da *identidade*, de sua faculdade cognitiva.

RESUMO CONCEITUAL[23]

AYN RAND

1. *Cognição e Mensuração.* A base de todo o conhecimento do homem é o nível perceptual de ciência. É na forma de "percepções" que o homem assimila a evidência de seus sentidos e apreende a realidade. O material de construção do seu conhecimento é o conceito de "existente", que é implícito em toda percepção. O conceito (implícito) "existente" perpassa três estágios de desenvolvimento na mente humana: *entidade-identidade-unidade.* A habilidade de considerar entidades como unidades é o método distintivo de cognição humana. Uma unidade é uma existente considerada como um membro separado de um grupo de dois ou mais membros semelhantes. Mensura-

---

[23] No original, tal seção desponta destacada por Rand como "glossário", entendemos, porém, que ele é mais um resumo capitular, ou conceitual, do que, *strictu sensu*, um "glossário". Por isso optamos por denominar tal capítulo de "Resumo conceitual". (N. E.)

ção é a identificação de uma relação quantitativa, por meio de um padrão que serve como uma unidade. O propósito da mensuração é expandir o alcance do conhecimento do homem além dos concretos diretamente perceptíveis.

2. *Formação de Conceitos.* Semelhança é a relação entre duas ou mais existentes que possuem uma ou mais características em comum, mas em diferente medida ou grau. O processo de formação de conceitos consiste em isolar mentalmente duas ou mais existentes por meio de sua característica diferenciadora e reter esta enquanto omite-se suas medidas particulares, com base no princípio de que essas medidas devem existir em alguma quantidade, mas podem existir em *qualquer* quantidade. Um conceito é uma integração mental de duas ou mais unidades que possuem em comum características diferenciadoras, com suas medidas particulares omitidas.

3. *Abstração de Abstrações.* Quando conceitos são integrados em um mais amplo, eles servem como unidades e são tratados *epistemologicamente* como se fossem um só concreto (mental) – sempre lembrando que *metafisicamente* (ou seja, na realidade) cada unidade representa um número ilimitado de concretos de um certo tipo. Quando conceitos são integrados em um outro mais abrangente, o novo conceito inclui *todas* as características de suas unidades constituintes, no entanto, suas características diferenciadoras são consideradas como mensurações omitidas e uma de suas características comuns se torna a diferenciadora do novo conceito. Quando um conceito é subdivido em outros mais restritivos, sua característica diferenciadora é retida e lhe é dado um rol mais restritivo de mensurações especificadas, ou ele é combinado com uma ou mais características adicionais para formar as características diferenciadoras individuais dos novos conceitos.

4. *Conceitos de Consciência.* Todo estado de consciência envolve dois atributos fundamentais: o *conteúdo* (ou objeto) de ciência e a ação (ou processo) de consciência em relação ao conteúdo. Um conceito pertencente à consciência é uma integração mental de duas ou mais instâncias de um processo psicológico provido das mesmas características diferenciadoras, com os conteúdos particulares e as mensurações da intensidade da ação omitidos. A intensidade de um processo psicológico é mensurada em uma escala comparativa. Conceitos pertencentes à cognição são mensurados pelo escopo de seu conteúdo factual e pela extensão da cadeia conceitual necessária para compreendê-lo. Conceitos pertencentes à avaliação são mensurados por referência à hierarquia de valores de uma pessoa, o que envolve um processo de "mensuração teleológica" que lida não com números cardinais, mas sim com *ordinais,* estabelecendo uma relação graduada de meios para fins, ou seja, de ações para um padrão de valor. Uma categoria especial de conceitos de consciência consiste em conceitos pertencentes aos *produtos* da consciência (por exemplo, "conhecimento") e conceitos de *método* (como "lógica").

5. *Definições.* Uma definição é uma declaração que identifica a natureza das unidades de um conceito. Uma definição correta deve especificar as características diferenciadoras das unidades (*differentia*) e indicar a categoria de existentes das quais elas foram diferenciadas (*genus*). As características diferenciadoras *essenciais* das unidades e

as características definidoras adequadas do conceito devem ser características *fundamentais* – ou seja, as características diferenciadoras que, metafisicamente, possibilitam o maior número de outras características diferenciadoras e que, epistemologicamente, explica o maior número de outras. Assim como o processo de formação de conceitos é contextual, *todas as definições são contextuais.* A designação de uma característica essencial depende do contexto do conhecimento do homem; uma definição primitiva, se correta, não contradiz uma mais avançada, ela apenas a expande. Uma definição objetiva, válida para todos os homens, é determinada de acordo com todo o conhecimento relevante disponível naquele estágio de desenvolvimento da Humanidade. Definições não são imutavelmente absolutas, mas são *contextualmente absolutas.* Uma definição é falsa se ela não especificar as relações conhecidas entre existentes (em termos de características *essenciais* conhecidas), ou se contradisser as conhecidas.

Todo conceito representa inúmeras proposições implícitas. Uma definição é a *condensação* de um vasto corpo de observações e sua validade depende da veracidade ou falsidade dessas observações, conforme representado e resumido pela designação do essencial de um conceito, das suas características definidoras. A veracidade ou falsidade de todas as conclusões humanas, inferências e conhecimento se baseiam na verdade ou falsidade de suas definições. A diferença radical entre a visão aristotélica de conceitos e a visão objetivista está no fato de que Aristóteles considerava a "essência" metafísica e o Objetivismo a considera epistemológica.

6. *Conceitos Axiomáticos.* Um conceito axiomático é a identificação de um fato primário da realidade, que está implícito

RESUMO CONCEITUAL

em todos os fatos e em todo o conhecimento. Ele é percebido ou experimentado diretamente, mas compreendido conceitualmente. Os primeiros e mais importantes conceitos axiomáticos são: "existência", "identidade" e "consciência". Eles identificam explicitamente a omissão de mensurações de tempo psicológico, que está implícita em todos os conceitos e servem como constantes, integradoras cognitivas e diretrizes epistemológicas. Abrangem todo o campo da ciência do homem, delimitando-o do vácuo da irrealidade ao qual erros conceituais podem levar. Conceitos axiomáticos não são uma questão de escolha arbitrária; um sujeito determina se um dado conceito é axiomático ou não observando o fato de que um conceito axiomático precisa ser aceito e usado mesmo no processo de qualquer tentativa de negá-lo. Conceitos axiomáticos são a fundação da objetividade.

7. *O Papel Cognitivo dos Conceitos*. A extensão do que o homem consegue manter no foco de sua ciência consciente em qualquer momento é limitada. A essência de seu poder cognitivo é a habilidade de reduzir uma quantidade grande de informação a um número mínimo de unidades – esta é a tarefa executada por sua faculdade conceitual. Conceitos representa condensações de conhecimento, classificações com "pontas soltas" que agrupam todas as características de seus referentes, as conhecidas e as ainda não-descobertas, o que permite mais estudos e a divisão do trabalho cognitivo. As exigências da cognição controlam a formação de novos conceitos e proíbem agrupamentos conceituais arbitrários. No processo de determinar classificações conceituais, nem as diferenças essenciais nem as semelhanças essenciais entre existentes podem ser ignoradas, uma vez que elas tenham sido

observadas. Para resumir na forma de uma "navalha" epistemológica: *conceitos não devem ser multiplicados além do necessário, nem devem ser integrados sem necessidade.*

8. *Consciência e Identidade:* O ataque à faculdade conceitual do homem vem se acelerando desde Kant, aumentando a brecha entre a mente humana e a realidade. Para retomar o poder de filosofar, deve-se compreender o motivo pelo qual o homem precisa da epistemologia. Uma vez que ele não é nem infalível nem onisciente, precisa *descobrir* um método válido de cognição. Duas questões estão envolvidas em todas as suas decisões e conclusões: *O que* eu sei? Como eu sei isso? A tarefa da epistemologia é fornecer a resposta ao "Como?" – que então permite às ciências especiais fornecer a resposta ao "O que?". Na história da filosofia, teorias epistemológicas consistiram predominantemente de tentativas de evitar uma dessas duas questões por meio do ceticismo ou do misticismo. O motivo de todos os ataques à faculdade racional humana é baseado em uma só premissa: o desejo de eximir a consciência do princípio da identidade. A premissa implícita, porém inadmitida, da filosofia moderna é a noção de que conhecimento "verdadeiro" precisa ser adquirido sem quaisquer meios cognitivos e que identidade é um elemento *desqualificador* de consciência. Essa é a essência da doutrina de Kant, o que representa a negação de qualquer consciência, de consciência como tal. A objetividade começa com a compreensão de que o homem (incluindo sua consciência) é uma entidade de uma natureza específica que precisa agir de acordo; que não há escapatória do princípio da identidade; que não há espaço para o arbitrário em qualquer atividade humana, menos ainda em seu método de cognição; e que ele precisa ser guiado por

Resumo conceitual

critérios objetivos na formação de suas ferramentas de cognição, isto é, seus conceitos. Assim como a existência física humana foi liberta quando ele compreendeu que a "natureza, para ser comandada, precisa ser obedecida", sua consciência também será liberta quando compreender que a *natureza, para ser apreendida, precisa ser obedecida* – *que* as regras de cognição precisam ser derivadas da natureza da existência, e a natureza e a *identidade* de sua faculdade cognitiva.

A DICOTOMIA SINTÉTICO-ANALÍTICA[24]

LEONARD PEIKOFF

Introdução

Há alguns anos, eu defendia o capitalismo em uma discussão com um proeminente professor de filosofia. Em resposta a sua acusação de que o capitalismo leva a monopólios coercivos, expliquei que tais monopólios são causados por intervenção governamental na economia e, por conseguinte, logicamente impossíveis sob o capitalismo[25]. O professor ficou particularmente estático perante meu argumento, respondendo com uma mostra de surpresa e desdém:

---

[24] Esta obra foi publicada primeiro no *Objectivist*, Maio-Setembro 1967.
[25] Para uma discussão sobre esse assunto, veja *Capitalism: The Unknown Ideal* [*Capitalismo: O Ideal Desconhecido*] (1966), de Ayn Rand.

Logicamente impossível? Claro, diante de suas definições. Você está meramente dizendo que, não importa que proporção do mercado ele controle, não chamará uma empresa de "monopólio coercivo" se ele acontecer em um sistema que você chama "capitalismo". Sua visão é verdadeira por decreto arbitrário, é uma questão de semântica, é *logicamente* verdade, mas não é *factualmente* verdade. Deixe a lógica de lado agora; com seriedade, considere os fatos empíricos correntes sobre essa questão.

Aos filosoficamente leigos, essa resposta será desconcertante. Mesmo assim, encontra seus equivalentes em toda parte hoje. Os princípios que a sustentam permeiam nossa atmosfera intelectual como os germes de uma peste negra epistemológica esperando para infectar e podar quaisquer ideias que declarem apoio de argumentação conclusiva lógica; uma peste que dissemina subjetivismo e devastação conceitual em seu caminho.

Essa peste é uma teoria formal, em termos técnicos da filosofia, chama-se *dicotomia sintético-analítica*[26]. Ela é aceita, de certa forma, virtualmente por todos os filósofos contemporâneos influentes – pragmáticos, positivistas lógicos, analistas e existencialistas.

A teoria da dicotomia sintético-analítica penetra cada canto de nossa cultura, alcançando, direta ou indiretamente, toda a vida, questão e preocupação humanas. Seus transmissores são numerosos, suas formas são sutilmente diversas, suas causas básicas são complexas e ocultas, e seus primeiros sinto-

---

[26] Trata-se de uma distinção filosófica, profundamente usada e desenvolvida por Immanuel Kant, apesar de já prefigurar em Gottfried Leibniz (1646-1716), em sua teoria dos "mundos possíveis", abordado em sua famosa obra *Teodiceia*. Em termos sumários, "tal filosofia epistemológica" buscava separar as verdades puramente racionais, aquelas que são verdades independentemente de local, data e demais contingências, daquelas verdades factuais, que são verdades aqui e agora, mas que não são necessárias num contexto cosmológico. (N. E.)

mas são prosaicos e aparentemente benignos. Contudo, ela é letal.

A comparação com uma praga, porém, não é plenamente exata. Uma praga ata o corpo do homem, não sua faculdade conceitual. Ela não é disseminada pela profissão paga para proteger o homem contra ela.

Atualmente, cada homem deve ser seu próprio protetor intelectual. Não importando que disfarce a teoria da dicotomia sintético-analítica use para confrontá-lo, deve ser capaz de detectá-la, compreendê-la e respondê-la. Somente desse modo pode suportar o ataque e manter-se epistemologicamente inabalado.

A teoria em questão não é uma primária filosófica. A posição de alguém sobre ela, seja em concordância ou oposição, deriva, em parte substancial, da visão do indivíduo da natureza dos conceitos. A teoria objetivista de conceitos é apresentada em *Objetivismo: introdução à epistemologia e teoria dos conceitos*, de Ayn Rand. Construirei a presente discussão usando-a como fundação. Sumarizarei a teoria da dicotomia sintético-analítica como seria exposta por seus defensores contemporâneos e então, responderei ponto a ponto.

A teoria originou-se por implicação no mundo antigo com as visões de Pitágoras (c.570-495 a.C.) e Platão, mas ganhou fama de verdade e se tornou uma influência duradoura somente depois de sua defesa por parte de filósofos modernos como Thomas Hobbes (1588-1679), Gottfried Leibniz, David Hume (1711-1776) e Immanuel Kant. (Inclusive, a teoria foi nomeada por Kant). Em sua forma contemporânea dominante, a teoria alega que há uma fenda fundamental no conhecimento humano, que divide proposições, ou verdades, em dois tipos mutuamente exclusivos (e conjuntivamente exaustivos). Estes tipos diferem, segundo o alegado, em suas origens, referentes, *status* cognitivos e meios de validação. Mais propriamente, quatro pontos centrais de diferença supostamente distinguem os dois tipos.

a) Considere os seguintes pares de proposições verdadeiras:

i) Um homem é um animal racional.
ii) Um homem tem somente dois olhos.

i) Gelo é um sólido.
ii) Gelo flutua na água.

i) 2 mais 2 é igual a 4.
ii) 2 quartos de galão de água misturadas com 2 quartos de galão de álcool etílico resultam em 3,86 quartos de galão de líquido a 15,56°C

A primeira proposição em cada um desses pares, dizem, pode ser validada *meramente pela análise do significado de* seus *conceituais constituintes* (portanto, são chamadas de verdades *"analíticas"*). Se alguém simplesmente especifica as definições dos conceitos relevantes em qualquer uma dessas proposições e aplica leis de lógica, pode-se perceber que a verdade da proposição a acompanha diretamente, e que a negar endossaria uma contradição lógica. Por isso, também são chamadas "verdades lógicas", significando que podem ser validadas apenas se aplicando corretamente as leis da lógica.

Assim sendo, se alguém declarasse que "Um homem não é um animal racional", ou que "2 mais 2 *não é* igual a 4", esse sujeito defenderia, por implicação, que "Um animal racional *não* é um animal racional", ou que "1 mais 1 mais 1 mais 1 *não* é igual a 1 mais 1 mais 1 mais P", que são ambos autocontraditórios (o exemplo pressupõe que "animal racional" é a definição de "homem"). Um tipo semelhante de autocontradição aconteceria se alguém negasse que "Gelo é um sólido".

Verdades analíticas representam instâncias concretas do princípio da identidade e, como tal, também são frequente-

A DICOTOMIA SINTÉTICO-ANALÍTICA

mente chamadas "tautologias" (o que, etimologicamente, significa que a proposição repete "a mesma coisa", ou seja, "Um animal racional é um animal racional", "A forma sólida da água é um sólido"). Uma vez que todas as proposições de lógica e matemática podem, em última instância, serem analisadas e validadas dessa forma, alega-se que esses dois assuntos caem inteiramente na metade "analítica", ou "tautológica", do conhecimento humano.

Proposições *sintéticas*, por outro lado – exemplificadas pela *segunda* proposição em cada um dos pares acima (ii), e pela maioria das declarações da vida cotidiana e das ciências – supostamente são diferentes por completo em todos esses âmbitos. Uma proposição "sintética" é definida como uma que *não consegue* ser validada meramente por uma análise dos significados ou definições de seus conceitos constituintes. Por exemplo, a análise conceitual ou definidora, por si só, em tese, não poderia afirmar que o gelo flutua na água, ou que o volume de líquido resulta quando várias quantidades de água e álcool etílico são misturadas.

Nesse tipo de caso, segundo Kant, o predicado da proposição (ou seja, "flutua na água") declara algo sobre o sujeito ("gelo"), que ainda não está contido no significado do conceito do sujeito (a proposição representa uma *síntese* do sujeito com um novo predicado – daí o nome). Tais verdades não podem ser validadas meramente com a aplicação correta de leis, de lógica. Elas não representam instâncias concretas do princípio da identidade. Negar tais verdades é manter uma *falsidade*, mas *não uma autocontradição*. Assim sendo, é falso afirmar que "Um homem tem três olhos", ou que "Gelo afunda na água", no entanto, supostamente, essas afirmações não são autocontraditórias. São os *fatos* do caso, não as leis da lógica, que condenam tais declarações. De acordo com isso, verdades sintéticas são consideradas "factuais", em oposição ao caráter "lógico" ou "tautológico".

b) Verdades analíticas são *necessárias*, não importa que região do espaço ou tempo seja considerado, essas proposições *precisam* ser verdadeiras. De fato, em tese, são verdadeiras não apenas no universo que existe atualmente, mas em "todos os mundos possíveis" – para usar a famosa frase de Leibniz. Uma vez que a negação é autocontraditória, o oposto da verdade analítica é inimaginável e inconcebível. Um visitante de um planeta alienígena poderia relacionar várias maravilhas inesperadas, porém suas alegações seriam imediatamente rejeitadas se anunciasse que, em seu mundo, o gelo é um gás, o homem era um selo de carta e 2 mais 2 somassem 7,3.

Verdades sintéticas, no entanto, declaradamente *não são* necessárias; elas são chamadas *"contingentes"*. Isso quer dizer: na verdade, no mundo que os homens observam agora, tais proposições *são* verdadeiras, mas elas não *precisam* ser verdadeiras. Não são verdadeiras em "todos os mundos possíveis". Uma vez que a negação não é autocontraditória, o oposto de qualquer verdade sintética é, no mínimo, imaginável ou concebível. É imaginável, ou concebível, que os homens deveriam ter um olho a mais (ou uns treze olhos a mais) nas suas nucas, ou que gelo deveria afundar na água como uma pedra, etc. Essas coisas não acontecem em nossa experiência, mas alega-se que não há necessidade lógica quanto a isso. Os fatos afirmados por verdades sintéticas são fatos "brutos", que nenhuma quantidade de lógica pode tornar plenamente inteligíveis.

Alguém pode *provar* conclusivamente uma proposição sintética? Pode-se haver *certeza* lógica de sua veracidade? A resposta dada é: "Não. No que tange à lógica, nenhuma proposição sintética 'precisa ser' verdadeira – o oposto é concebível" (os defensores mais descompromissados da dicotomia sintético-analítica continuam: "Você não precisa ter certeza das evidências diretas de seus sentidos. Digamos que você veja um ponto vermelho diante de você agora. Ao classificar o que vê como 'vermelho', está declarando implicitamente que aquilo é semelhante em cor a certas experiências passadas suas. E como sabe que se lembrou corretamente? Não é uma tautologia que a memória do homem seja confiável; o oposto é concebível"). Portanto, o máximo que alguém pode alegar sobre verdades sintéticas e contingentes é alguma mensuração de probabilidade. Elas são, mais ou menos, hipóteses prováveis.

c) Uma vez que proposições analíticas são "logicamente" verdade, elas podem, supostamente, ser validadas *independentemente de experiência*. São "não-empíricas" ou "a priori" (atualmente, esses termos significam: "independentes de experiência"). Filósofos modernos garantem que alguma experiência é necessária para permitir que um homem forme conceitos. O que eles defendem é que, uma vez que os conceitos adequados tenham sido formados (por exemplo, "gelo", "sólido", "água", etc.), nenhuma experiência *adicional* é necessária para validar suas combinações em uma proposição analiticamente verdadeira (ou seja, "Gelo é água sólida"). A proposição simplesmente vem de uma análise de definições.

Verdades sintéticas, por outro lado, supostamente são *dependentes de experiência* para sua validação; elas são "empíricas" ou "a posteriori". Uma vez que são "factuais", pode-se descobrir sua verdade inicialmente apenas ao se observar os fatos adequados direta ou indiretamente. Uma vez que são "contingentes", pode-se descobrir se as verdades sintéticas de ontem ainda se mantêm hoje, apenas com o escrutínio dos dados empíricos mais recentes.

d) Agora chegamos ao clímax, a *explicação* característica do século XX das diferenças acima expostas, que é: *proposições analíticas não fornecem informações sobre a realidade, não descrevem fatos, não* são *"não-ontológicas"* (*ou seja*, não pertencem à realidade). Verdades analíticas, como defendidas, são criadas e sustentadas pela decisão arbitrária humana de usar palavras (ou conceitos) de certa maneira. Elas meramente registram as implicações de *convenções* linguísticas (ou conceituais). Isso, em tese, é o que representa as características de verdades analíticas. São não-empíricas porque não dizem nada a respeito do mundo da experiência. Nenhum fato pode jamais lançar dúvidas sobre elas, que são imunes a correções futuras porque são imunes à realidade. Elas são necessárias porque assim o homem as fez.

"As proposições da lógica", escreveu Wittgenstein em *Tractatus Logico-Philosophicus* (1921), "dizem todas a mesma coisa, ou seja, nada". "Os princípios de lógica e matemática", afirmou A.J. Ayer (1910-1989) em *Linguagem, Verdade e Lógica* (1936), "são universalmente verdadeiras simplesmente porque nunca permitimos que elas fossem outra coisa".

Proposições sintéticas, por outro lado, são factuais e por isso o homem paga um preço alto. O preço é serem contingentes, incertas e improváveis.

A teoria da dicotomia sintético-analítica apresenta a seguinte escolha ao homem: se sua declaração for provada, ela não diz nada sobre aquilo que existe; se for sobre existentes, não pode ser provada; se for demonstrada por argumentos lógicos, representa uma convenção subjetiva; se determina um fato, a lógica não pode estabelecê-lo; se você a validar com um apelo aos significados de seus *conceitos,* então, ela está cortada da realidade; se você a validar com um apelo a suas *percepções*, então, você não tem como ter certeza dela.

O Objetivismo rejeita que a teoria da dicotomia sintético-analítica seja falsa – em princípio, em sua raiz e em cada uma de suas variantes.

A DICOTOMIA SINTÉTICO-ANALÍTICA

Agora, analisemos e respondamos essa teoria ponto a ponto.

Verdades "Sintéticas" e "Analíticas"

Uma proposição analítica é definida como aquela a ser validada meramente por uma análise do significado de seus conceitos constituintes. A questão crítica é: *O que está incluso em "o significado* de um *conceito"?* Um conceito simboliza as *existentes* que ele agrupa, incluindo todas suas características? Ou simboliza apenas alguns aspectos dessas existentes, designando algumas de suas características, porém excluindo outras?

O segundo ponto de vista é fundamental a todas as versões da dicotomia sintético-analítica. Os defensores dessa dicotomia dividem as características das existentes agrupadas sob um conceito em dois grupos: aqueles que estão *inclusos no* significado do conceito e aqueles – a maioria – que, segundo eles, estão *excluídos de seu* significado. A dicotomia entre proposições deriva disso. Se uma proposição vincula as características "inclusas" com o conceito, ela pode ser validada meramente por meio de uma "análise" do conceito; se vincula as características "excluídas" com o conceito, ela representa um ato de "síntese".

Por exemplo, é frequentemente defendido que, do vasto número de características humanas (anatômicas, fisiológicas, psicológicas, etc.), duas – "racionalidade" e "animalidade" – constituem o significado inteiro do *conceito* "homem". Todo o resto, convencionalmente, está fora do significado do conceito. Nessa visão, é "analítico" afirmar que "Um homem é um animal racional" (o predicado está "incluso" no conceito do sujeito), mas é "sintético" afirmar que "Um homem tem apenas dois olhos" (o predicado está "excluído").

A fonte histórica primária da teoria de que um conceito inclui algumas das características de uma entidade, mas exclui outras, é a teoria platônica dos universais. O platonismo defende que conceitos designam essências (universais) imateriais que subsistem em uma dimensão sobrenatural. Nosso mundo, segundo Platão, é apenas o reflexo de nossas essências em uma forma material. Nessa visão, uma entidade física possui dois tipos bem diferentes de características: aquelas que refletem sua essência sobrenatural e aquelas que advêm do fato que, nesse mundo, a essência é manifestada em forma material. As primeiras são "essenciais" à entidade e constituem sua natureza real; as segundas são "acidentes" gerados por matéria. Como conceitos supostamente designam essências, o conceito de uma entidade inclui suas características "essenciais", mas exclui seus "acidentes".

Como alguém diferencia características "essenciais" dos "acidentes" em um determinado caso? A resposta definitiva dos platonistas é: com um ato de "intuição".

Uma variante mais plausível e naturalística da dicotomia essência-acidente é endossada pelos aristotélicos; nesse sentido, a sua teoria de conceitos reflete uma forte influência platônica.

Na Era Moderna, o realismo platônico perdeu seu favoritismo entre os filósofos, e o nominalismo progressivamente se tornou a teoria de conceitos dominante. Os nominalistas consideram o supernaturalismo não científico, e chamam a atenção para a "intuição" como um subjetivismo sutilmente velado. No entanto, eles não rejeitam a consequência crucial da teoria de Platão: *a divisão das características de uma entidade em dois grupos,* uma delas excluída do conceito designando a entidade.

Ao negar que conceitos têm uma base objetiva em fatos da realidade, nominalistas declaram que a fonte de conceitos é uma decisão humana subjetiva: os homens *arbitrariamente* esco-

A DICOTOMIA SINTÉTICO-ANALÍTICA

lhem certas características para servirem como base (as "essenciais") para uma classificação; doravante, concordam em aplicar o mesmo termo a quaisquer concretos que calhem de exibir essas "essenciais", sem importar quão diversos esses sejam em outros respeitos. Nessa visão, o conceito (o termo) representa apenas aquelas características inicialmente decretadas como "essenciais". As outras características dos concretos agrupados não têm necessariamente conexão com as "essenciais" e são excluídas do significado do conceito. Observe que, embora condenem a visão *mística* de Platão do significado de um conceito, os nominalistas englobam a mesma visão em uma versão *cética*. Ao condenar a dicotomia essência-acidente como implicitamente arbitrária, eles instituem uma arbitrariedade *explicitamente* equivalente. Condenando a seleção "intuitiva" de Platão das essências como um subjetivismo disfarçado, eles criaram o disfarce e adotaram o subjetivismo como sua teoria oficial – como se um vício oculto fosse hediondo e um descaradamente exibido fosse racional. Ao condenar as essências sobrenaturalmente determinadas de Platão, eles declaram que essências são determinadas socialmente, assim transferindo-as ao domínio dos *caprichos humanos*, o que outrora foi a prerrogativa do âmbito divino de Platão. O "avanço" dos nominalistas quanto a Platão consistia em secularizar sua teoria. E secularizar um erro ainda é o mesmo que cometê-lo.

Sua forma, no entanto, muda. Nominalistas não dizem que um conceito designa apenas a "essência" de uma entidade, excluindo seus "acidentes". Sua versão secularizada é: um conceito é somente um rótulo abreviado para as características declaradas em sua definição; um conceito e sua definição são intercambiáveis; e um *conceito representa apenas sua definição*.

É a abordagem nominalista platônica à formação de conceitos, expressa em pontos de vista como esses, que originam a teoria da dicotomia sintético-analítica. E mesmo assim, seus defensores normalmente consideram a dicotomia como uma primária autocontida, independente de qualquer teoria particular de conceitos. De fato, eles normalmente insistem que a questão de formação de conceitos – uma vez que é "empírica" e não "lógica" – está fora do domínio da filosofia (portanto, eles usam a dicotomia para descreditar antecipadamente qualquer indagação sobre questões das quais a dicotomia em si depende).

Apesar disso, no entanto, eles continuam a defender a "análise conceitual" e a distinguir quais verdades podem – ou não – serem validadas por sua prática. Espera-se que um conceito seja analisado sem um conhecimento de sua fonte e natureza para determinar seu significado, enquanto ignorantes de sua relação com concretos. Como? A resposta implícita na prática filosófica contemporânea é: "Uma vez que as pessoas já tenham dado significados aos seus conceitos, precisamos apenas estudar o uso comum". Em outras palavras, parafraseando John Galt[27]: "Os conceitos estão aqui. Como eles chegaram? De algum jeito".

Uma vez que conceitos são produtos complexos da consciência humana, qualquer teoria ou abordagem que implica que são primários irredutíveis é invalidada por somente esse fato. Sem uma teoria de conceitos como uma fundação, não se pode, razoavelmente, adotar qualquer teoria sobre a natureza ou tipos de proposições. Proposições são apenas combinações de conceitos.

A teoria objetivista de conceitos corta pela própria raiz a teoria de dicotomia sintético-analítica.

De acordo com o Objetivismo, conceitos "representam classificações de existentes observadas de acordo com suas relações com outras existentes observadas"[28].

---

[27] John Galt é uma personagem em *A Revolta de Atlas*, romance de Ayn Rand.
[28] Ayn Rand, em *Objetivismo: introdução à epistemologia e teoria dos conceitos*. Todas as citações seguintes nesta seção, a menos que identificadas de outra forma, são dessa obra.

A DICOTOMIA SINTÉTICO-ANALÍTICA

Para formar um conceito, deve-se *isolar* mentalmente um grupo de concretos (de unidades perceptuais distintas), com base nas semelhanças observadas que as distinguem de todos os outros concretos conhecidos (semelhança é "a relação entre duas ou mais existentes que possuem as mesmas características, mas em diferente grau ou medida"); assim, por um processo de omissão das medidas específicas desses concretos, pode-se *integrá-las* em uma só unidade mental nova: o conceito, que agrupa todos os concretos desse tipo (um número potencialmente ilimitado). A integração se completa e é retida pela seleção de um símbolo perceptual (uma palavra) para designá-la. "Um conceito é uma integração mental de duas ou mais unidades que possuem as mesmas características diferenciadoras, com suas medidas particulares omitidas".

Ao se isolar e integrar concretos percebidos, ao se reduzir o número de unidades mentais que ele precisa utilizar, o homem é capaz de decompor e organizar seu campo perceptual para se envolver em estudos especializados e para reter uma quantidade ilimitada de informações pertencentes a um número ilimitado de concretos. A conceituação é um método para adquirir e reter conhecimento do que existe em uma escala inacessível ao nível perceptual de consciência.

Uma vez que uma palavra seja um símbolo de um conceito, ela não tem significado fora o conteúdo do conceito que simboliza. E, já que um conceito é uma integração de unidades, *ele* não tem conteúdo ou significado além de suas unidades. *O significado de um conceito consiste nas unidades – as existentes – que ele integra, incluindo todas as características dessas unidades.*

Observe que conceitos representam *existentes*, não porções arbitrariamente selecionadas de existentes. Não há base alguma – nem metafísica nem epistemológica, nem na natureza da realidade nem na consciência conceitual – para uma divisão das características das unidades de um conceito em dois grupos, um dos quais é excluído do significado do conceito.

Metafisicamente, uma entidade é: todas as coisas que ela é. Cada uma de suas características tem o mesmo *status* metafísico, ou seja, cada uma constitui uma parte da identidade da entidade.

Epistemologicamente, todas as características das entidades agrupadas sob um conceito são descobertas pelo mesmo método básico: pela observação dessas entidades. As semelhanças iniciais, na base em que certos concretos foram isolados e integrados conceitualmente, foram assimilados por um processo de observação. Todas as características subsequentemente descobertas desses concretos são descobertas pelo mesmo método (não importa quão complexos os procedimentos indutivos envolvidos venham a ser).

O fato de que certas características são, em um dado momento, *desconhecidas* ao homem, não indica que sejam excluídas da entidade – ou *do conceito.* A é A; existentes são o que são, independente do estado do conhecimento humano; e um conceito representa as existentes que ele integra. Portanto, um conceito agrupa e inclui todas as características de seus referentes, conhecidas e ainda desconhecidas.

Isso não quer dizer que o homem é omnisciente ou que ele possa caprichosamente atribuir quaisquer características que escolher aos referentes de seus conceitos. Para descobrir que uma entidade possui uma determinada característica, deve-se engajar em um processo de estudo científico, observação e validação. Apenas então pode-se saber que tal característica é verdade à entidade e, portanto, está agrupada sob o conceito.

É crucialmente importante compreender que um conceito é classificado com uma "ponta solta", o que inclui as características ainda não descobertas de um dado grupo de existentes. Todo o conhecimento humano é baseado nesse fato.

A DICOTOMIA SINTÉTICO-ANALÍTICA

O padrão funciona da seguinte maneira: quando uma criança assimila o conceito "homem", o conhecimento representado por esse conceito em sua mente consiste em dados perceptuais, como a aparência visual de um homem, o som de sua voz, etc. Quando a criança aprende a diferenciar entidades vivas e matéria inanimada, ela atribui uma nova característica, "vivo", à entidade que ele designa como "homem". Quando aprende a diferenciar diversos tipos de consciência, ele inclui uma nova característica em seu conceito de homem, "racional", e assim por diante. O princípio implícito que guia esse processo é: "Eu sei que existe uma entidade como homem; conheço várias de suas características, mas ele tem várias outras que não conheço e preciso descobrir". Então, o mesmo princípio direciona o estudo de todo outro tipo de existentes perceptualmente isoladas e conceitualizadas.

O mesmo princípio direciona o acúmulo e transmissão do conhecimento da Humanidade. Do conhecimento de um selvagem sobre o que é um homem, que não era muito maior do que o de uma criança, ao presente nível, quando cerca de metade das ciências (as humanas) são dedicadas ao estudo do homem, o *conceito* "homem" não mudou. Ele se refere ao mesmo tipo de entidades[29].

Então, qual é o significado do conceito "homem"? "Homem" representa um determinado tipo de entidade, um animal racional, incluindo todas as características dessa entidade (anatômicas, fisiológicas, psicológicas, etc., assim como as relações dessas características com as de outras entidades) –, todas as já conhecidas e todas que serão descobertas. O que for verdadeiro à identidade será representado pelo conceito.

Depreende-se que não há base para distinguir proposições "sintéticas" de "analíticas". Se alguém declara que "Um

---

[29] Ver *Capítulo 7, O Papel Cognitivo dos Conceitos.*

homem é um animal racional" ou que "Um homem tem apenas dois olhos" – em ambos os casos, as características predicativas são verdadeiras ao homem e são, portanto, incluídas no conceito "homem". O significado da primeira afirmação é: "Um determinado tipo de entidade, incluindo todas as suas características (dentre elas, racionalidade e animalidade) é: um animal racional". O significado da segunda é: "Um determinado tipo de entidade, incluindo todas as suas características (dentre as quais está a posse de dois olhos) tem: apenas dois olhos". Cada uma dessas afirmações é um exemplo do princípio da identidade; cada uma é uma "tautologia"; negar qualquer uma delas é contradizer o significado do conceito "homem" e, portanto, endossar uma autocontradição.

Um tipo semelhante de análise é aplicável a *toda* afirmação verdadeira. Toda verdade sobre uma determinada existente resume-se, em padrão básico, a: "X é uma ou mais coisas do que é". O predicado, nesse caso, declara uma ou mais características do sujeito, mas como é uma característica desse, o(s) conceito(s) que designa(m) o sujeito, na verdade, incluem o predicado desde o princípio. Se alguém quiser usar o termo "tautologia" nesse contexto, então, todas as verdades são "tautológicas" (e, pelo mesmo raciocínio, todas as falsidades são autocontradições).

Quando alguém faz uma afirmação sobre uma existente, tem, em última instância, apenas duas alternativas: "X (que representa X, a existente, incluindo todas as suas características) é o que é"; ou "X *não* é o que é". A escolha entre verdade e falsidade é a escolha entre "tautologia" (no sentido explicado) e autocontradição.

No âmbito das proposições, há apenas uma distinção básica epistemológica: *verdade versus falsidade*; e apenas uma questão fundamental: por qual método a verdade é descoberta e validada? Plantar uma dicotomia na base do conhecimento – alegar que há *métodos* opostos de validação e tipos opostos de verdade – é um procedimento sem base ou justificação.

A DICOTOMIA SINTÉTICO-ANALÍTICA

Por um lado, as verdades não são "analíticas". Nenhuma proposição pode ser validada meramente pela "análise conceitual". O conteúdo do conceito, isto é, as características das existentes que ele integra precisam ser descobertas e validadas pela observação, antes que qualquer "análise" seja possível. Por outro lado, todas as verdades são "analíticas". Quando algumas características de uma identidade forem descobertas, a proposição que a atribui à entidade será vista como "logicamente verdadeira" (sua oposição contradiria o significado do conceito designando a entidade). Em ambos os casos, a dicotomia lógica-analítica-tautológica *versus* factual-sintética desmorona.

Para justificar sua visão de que algumas características de uma entidade são excluídas do conceito que a designa, tanto platonistas quanto nominalistas apelam à distinção entre as características "essenciais" e "não-essenciais" de uma entidade. Para os platonistas, a distinção representa uma divisão *metafísica, intrínseca* à entidade, independente do homem e do seu conhecimento. Para os nominalistas, representa um decreto humano *subjetivo,* independente dos fatos da realidade. Para as duas escolas, independente de suas diferenças terminológicas ou afins, um conceito representa apenas as caraterísticas essenciais (ou definidoras) de suas unidades.

Nenhuma das escolas fornece uma base *objetiva* para a distinção entre as características "essenciais" e "não-essenciais" de uma entidade. (O supernaturalismo – em sua forma secularizada ou confessa – não é uma base objetiva para nada). Nenhuma das escolas explica porque tal distinção é objetivamente exigida no processo de conceituação.

Essa explicação é fornecida pelo Objetivismo, que expõe o erro básico da posição platônico-nominalista.

Quando um homem atinge certo nível de complexidade conceitual, ele precisa descobrir um método de organizar e inter-relacionar seus conceitos; precisa de um método que lhe permitirá manter cada um de seus conceitos claramente diferenciados de todos os outros; cada um conectado a um grupo específico de existentes claramente diferenciadas de outras existentes que ele conhece (nos estágios primários do desenvolvimento conceitual, quando os conceitos de uma criança são comparativamente menores em número e designam concretos diretamente perceptíveis, "definições ostensivas" são suficientes para esse propósito). O método consiste em *definir* cada conceito, especificando as características de suas unidades das quais o maior número de suas próprias características depende, e o que diferencia as unidades de todas as outras existentes conhecidas. As características que preenchem esse requisito são designadas *"essenciais"* naquele contexto de conhecimento.

Características essenciais são determinadas contextualmente. As características que diferenciam mais fundamentalmente um determinado tipo de entidade de todas as outras existentes conhecidas no momento podem não funcionar em uma área de conhecimento mais ampla, quando mais existentes se tornam conhecidas e/ou mais características da entidade são descobertas. As características designadas como "essenciais" – e a definição que expressa isso – pode se alterar conforme a expansão do contexto cognitivo de um sujeito. Portanto, essências não são intrínsecas a entidades da forma platônica (ou aristotélica); elas são epistemológicas, não metafísicas. Uma definição em termos de características essenciais "é um dispositivo do método de cognição do homem – um meio de classificar, condensar e integrar um corpo de conhecimento em constante crescimento".

A designação de características essenciais também não é uma questão de escolha arbitrária ou decreto subjetivo. Uma definição contextual pode ser formulada apenas depois que um sujeito tenha considerado plenamente todos os fatos conhecidos pertencentes às unidades em questão: suas semelhanças, suas

A DICOTOMIASINTÉTICO-ANALÍTICA

diferenças de outras existentes, as relações causais entre suas características, etc. Esse conhecimento determina quais características são *objetivamente* essenciais – e, portanto, qual definição é objetivamente correta – em um dado contexto cognitivo. Embora a definição mencione explicitamente apenas as características essenciais, ela implica e condensa todo esse conhecimento.

Na visão objetiva e contextual das essências, um conceito *não* representa apenas as características essenciais ou definidoras de suas unidades. Designar uma determinada característica como "essencial" ou "definidora" é *selecionar*, do conteúdo total do conceito, a característica que melhor condensa e diferencia aquele conteúdo em um contexto cognitivo específico. Tal seleção pressupõe a relação entre o conceito e suas unidades, incluindo todas as suas características. É somente por causa desse fato que o mesmo conceito pode receber definições diversas em contextos cognitivos variados.

Quando "animal racional" é selecionado como definição de "homem", isso não quer dizer que o conceito "homem" se torna um rótulo de abreviatura para "qualquer coisa que possua racionalidade e animalidade". Não quer dizer que o conceito "homem" é intercambiável com a expressão "animal racional" e que todas as outras características do homem são excluídas desse conceito. Quer dizer que um determinado tipo de entidade, incluindo todas as suas características, no presente contexto de conhecimento, é diferenciado mais fundamentalmente de todas as outras entidades pelo fato de que é um animal racional. Todo o conhecimento atualmente disponível das suas *outras* características é necessário para validar essa definição e está implícito nela. Todas essas outras características continuam sendo parte do conteúdo do conceito "homem".

A visão nominalista de que um conceito é meramente uma etiqueta de abreviatura para sua definição representa uma falha profunda na compreensão da função de uma definição no processo da formação de conceitos. A penalidade para essa falha é que o processo de definição, nas mãos dos nominalistas, alcança o exato oposto de seu propósito atual. O propósito de uma definição é manter um conceito distinto de todos os outros, *mantê-lo conectado a um grupo específico de existentes.* Na visão nominalista, é precisamente essa conexão que é cortada: assim que um conceito é definido, deixa de designar *existentes* e, em lugar disso, designa apenas a característica definidora.

E ainda mais, em uma visão racional de definições, uma definição organiza e condensa e, portanto, ajuda a reter uma riqueza de conhecimento acerca das características das unidades de um conceito. Na visão nominalista, é precisamente esse conhecimento que é *descartado* quando se define um conceito: assim que uma característica definidora é escolhida, todas as outras características das unidades são banidas do conceito, que encolhe para se tornar meramente a definição. Por exemplo, desde que o conceito de "homem" de uma criança seja retido ostensivamente, a criança sabe que homem tem uma cabeça, dois olhos, dois braços, etc. Na visão nominalista, logo que a criança define "homem", descarta todo esse conhecimento; doravante, "homem" significará para ela apenas "uma coisa com racionalidade e animalidade".

Na visão nominalista, o processo de definir um conceito é um processo de extirpar o conceito de todos os seus referentes e de sistematicamente evadir o que se sabe sobre suas características. A definição, a ferramenta designada para promover integração conceitual, se torna um agente de sua destruição, um meio de *desintegração.*

Os defensores da visão de que um conceito representa sua definição não conseguem evitar a noção de que as pessoas, na verdade, usam conceitos para designar *existentes* (quando uma mulher diz: "Eu me casei com um homem maravilhoso", fica claro para maioria dos filósofos que ela não quis dizer: "Eu

A DICOTOMIA SINTÉTICO-ANALÍTICA

me casei com uma maravilhosa combinação de racionalidade e animalidade"). Ao cortarem a conexão entre um conceito e seus referentes, esses filósofos sentem que, de algum modo, essa conexão, todavia, existe e é importante. Para lidar com isso, apelam a uma teoria que remete há muitos séculos e agora é normalmente considerada incontroversa: a teoria de que um conceito tem *dois tipos ou dimensões* de significado. Tradicionalmente, refere-se a eles como *"extensão"* de um conceito (ou "denotação") e sua *"intensão"* (ou "conotação").

Por "extensão" de um conceito, os defensores da teoria se referem aos concretos agrupados sob aquele conceito. Pela "intensão" de um conceito, referem-se àquelas características dos concretos que são afirmadas na definição do conceito (hoje, isso é normalmente chamado de intensão "convencional"; a distinção entre vários tipos de intensões, no entanto, meramente reúne os erros da teoria e é irrelevante nesse contexto). Assim, no sentido extensional, "homem" quer dizer Sócrates, Platão, Aristóteles, Tom, Dick, Harry, etc. No sentido intensional, "homem" significa "animal racional".

Um texto de lógica padrão sumariza a teoria da seguinte forma:

> A intensão de um termo, como pudemos ver, é o que normalmente é chamado de sua definição. A extensão, por outro lado, simplesmente indica o conjunto de objetos ao qual a definição se aplica [...] Extensão e intensão são, assim, intimamente relacionadas, mas se referem aos objetos de formas distintas: extensão ao listar indivíduos que entram em seu escopo qualitativo; intensão nas qualidades ou características dos indivíduos[30].

---

[30] Em Lionel Ruby, *Logic: An Introduction.*

Essa teoria introduz outra divisão artificial: entre uma existente e suas características. No sentido em que um conceito representa seus referentes (seu significado extensional), ele não representa ou faz referência às suas características (seu significado intensional), e vice-versa. A escolha de um indivíduo, com efeito, é: significar existentes independente de suas características – ou (determinadas) características, independentes das existentes que as possuem.

Na verdade, nenhum desses supostos tipos de significados é metafísica ou epistemologicamente possível. Um conceito não pode representar existentes, independente de suas características. Uma coisa é o que é; suas características constituem sua identidade. Uma existente independente de suas características seria uma existente alheia a sua identidade, o que quer dizer: um nada, uma inexistente. Ser consciente de uma existente é ser consciente de (algumas) características dela. Isso é verdadeiro em todos os níveis de consciência, mas é particularmente óbvio no nível conceitual. Quando alguém conceitua um grupo de existentes, isola-os mentalmente de outros *com base em determinadas características.* Um conceito não pode integrar – nem representar – uma coletânea desorganizada de objetos; pode apenas integrar, designar, referir-se e representar existentes de um determinado tipo, que possuem determinadas características.

O conceito de uma existente tampouco pode significar suas características (algumas ou todas), independente da existente que as possui. *Uma* característica é um aspecto de uma existente. Ela não é uma universal platônica desincorporada. Assim como um conceito não pode representar existentes independente de sua identidade, não pode representar identidades alheias ao que existe. Existência é identidade[31].

---

[31] Ver: *A Revolta de Atlas*, de Ayn Rand.

A teoria de que um conceito representa sua definição não é aprimorada quando combinada com a visão de que, em outro sentido, um conceito representa sua "extensão". Dois erros não criam uma verdade. Eles apenas produzem mais caos e confusão. A verdade é: um conceito representa as existentes que integra, incluindo todas as suas características. É essa visão do significado de um conceito que mantém os conceitos de um homem ancorados à realidade. Nessa visão, a dicotomia entre proposições "analíticas" e "sintéticas" não pode aparecer.

Necessidade e Contingência

A teoria da dicotomia sintético-analítica é embasada em dois tipos de erro: um é epistemológico e o outro é metafísico. O erro epistemológico, como disse, é uma visão incorreta da natureza de conceitos. O erro metafísico é a dicotomia entre fatos contingentes e necessários.

Essa teoria remete à filosofia grega e foi endossada, de certa forma, por praticamente todas as tradições filosóficas anteriores a Kant. É relevante para nós a questão da teoria manter alguns fatos como inerentes à natureza da realidade; eles precisam existir; são "necessários". Outros fatos, no entanto, *existem* no mundo em que os homens agora observam, mas eles não *precisam* existir; poderiam existir de outra maneira; são "contingentes". Por exemplo, a água é molhada, o que seria um fato "necessário"; a água se tornar gelo em determinada temperatura, seria "contingente".

Dada essa dicotomia, levanta-se a seguinte questão: como alguém saberia, em um caso específico, que um determinado fato é necessário? A observação, dizia-se, é insuficiente a esse propósito. "Experiência", segundo Kant em *Crítica da Razão Pura* (1781), "nos informa, de fato, o que é, mas não que necessariamente precise ser assim, e não o contrário". Para estabelecer que algo é um fato, emprega-se a observação e os procedimentos indutivos adequados; mas, segundo alegado, estabelecer que algo é um fato ainda não é mostrar que o fato em questão seja necessário. Alguma atestação ou garantia, além da existência do fato, é exigida se este for necessário; e algum entendimento, além do que é obtido pela observação e indução, é necessário para compreender essa garantia.

Na era pré-kantiana, era comum apelar a alguma forma de "intuição intelectual" para esse propósito. Em alguns casos, supostamente, um sujeito poderia apenas "ver" que um determinado fato era necessário. Como alguém poderia ver continuou um mistério. Parecia que seres humanos tinham uma capacidade estranha e inexplicável de compreensão, e por meios não especificados, de que determinados fatos não apenas eram, mas precisavam ser. Em outros casos, tal intuição não operava e os fatos em questão eram considerados contingentes.

Na era pós-kantiana, invocações à "intuição intelectual" perderam sua preferência entre filósofos, no entanto, a dicotomia contingente-necessário continuou. Perpetuada de várias formas no século XIX, foi reinterpretada no século XX da seguinte maneira: uma vez que fatos são aprendidos apenas por experiência, e esta não revela necessidade, o conceito de "fatos necessários" precisa ser abandonado. Fatos, atualmente, são totalmente contingentes e as proposições que os descrevem são "verdades conceituais". Quanto a verdades necessárias, elas são meramente os produtos das convenções linguísticas ou conceituais do homem. Não se referem a fatos; são vazias, "analíticas", "tautológicas". Desse modo, a dicotomia contingente-necessária é usada para apoiar a suposta distinção entre proposições analíticas e sintéticas. Hoje em dia é comum os filósofos declararem que alegações "factuais" são "sintéticas" e "contingentes", enquanto as "necessárias" são "não-factuais" e "analíticas".

A DICOTOMIA SINTÉTICO-ANALÍTICA

Filósofos contemporâneos preferem falar sobre proposições ou alegações ao invés de fatos; eles raramente dizem que fatos são contingentes, atribuindo contingência no lugar de *alegações* sobre fatos. Não há nada para justificar esse modo de falar e eu não hei de aderir a ele na discussão de suas visões.

Observe que tanto os pré-kantianos quanto os convencionalistas contemporâneos estão em um acordo essencial: ambos endossam a dicotomia contingente-necessária e defendem que verdades necessárias não podem ser validadas por experiência. A diferença é só essa: para os filósofos tradicionais, a necessidade é um fenômeno metafísico assimilado por um ato de intuição; para os convencionalistas, é um produto das escolhas subjetivas humanas. A relação entre os dois pontos de vista é semelhante à relação entre platonistas e nominalistas na questão de essências. Em ambos os casos, os modernos adotam os fundamentos da posição tradicionalista; sua "contribuição" é meramente interpretar essa posição em uma forma escancaradamente subjetivista.

Na presente questão, o erro básico das duas escolas é a visão de que fatos, alguns ou todos, são contingentes. Até onde tange à realidade metafísica (não considerando ações humanas no momento), não há "fatos que poderiam acontecer, mas que poderiam ter acontecido de outra forma" como em oposição a "fatos que precisam ser". Há apenas: fatos que são.

A visão de que fatos são contingentes – de que o jeito que as coisas são de fato é apenas uma dentre diversas possibilidades alternativas, e que poderiam ter sido diferentes metafisicamente – representa uma falha em compreender o princípio da identidade. Uma vez que as coisas são o que são, que tudo que existe possui uma identidade específica, nada na realidade pode ocorrer sem causalidade ou por sorte. A natureza de uma entidade determina o que ela pode fazer e, em qualquer conjunto específico de circunstâncias, ditar o que ela fará. A lei de causalidade é precedida pelo princípio da identidade. Entidades seguem certas leis de ação em consequência de suas identidades e não têm alternativa para tal.

Metafisicamente, todos os fatos são inerentes nas identidades das entidades que existem; ou seja, todos os fatos são "necessários". Nesse sentido, ser é ser "necessário". O conceito de "necessidade", em um contexto metafísico, é supérfluo.

O problema da epistemologia é: como descobrir fatos e aquilo que é. Sua tarefa é formular os métodos adequados de indução, de aquisição e validação de conhecimento científico. Não há problema em compreender que um fato é necessário depois que for assimilado que ele é um fato.

Por vários séculos, a teoria de "fatos contingentes" foi associada com uma metafísica supernaturalista. Tais fatos, diziam, são os produtos de um criador divino que pode tê-los criados de forma diferente e que pode mudá-los à vontade. Essa visão representa a metafísica de milagres – a noção de que as ações de uma entidade não são relacionadas à sua natureza, que qualquer coisa é possível a uma entidade independente de sua identidade. Nessa visão, uma entidade age não por causa de sua natureza, mas por um decreto de Deus onipotente.

Defensores contemporâneos da teoria de "fatos contingentes" apegam-se, em essência, à mesma metafísica. Também defendem que qualquer coisa é possível a uma entidade, que suas ações não são relacionadas à sua natureza, que o universo que existe é apenas um de inúmeros "mundos possíveis". Eles simplesmente omitem Deus, mas retêm as consequências da visão religiosa. Novamente, eles têm um misticismo secularizado.

O erro fundamental em todas essas doutrinas é a falha em compreender que a *existência é uma primária autossuficiente*. Não é um produto de uma dimensão sobrenatural ou de qualquer outra origem. Não há nada que antecede a existência, nada alheio a ela – *e nenhuma alternativa*. A existência existe – e ape-

A DICOTOMIA SINTÉTICO-ANALÍTICA

nas a existência existe. Sua experiência e sua natureza são irredutíveis e inalteráveis.

O clímax da visão "milagrosa" da existência é representado pelos existencialistas que ecoam Heidegger, indagando: "Por que não há nenhum ser em vez de não haver nada?" – ou seja, por que a existência existe? Essa é a projeção de um zero como uma alternativa à existência, com a demanda que alguém explique porque a existência existe e o zero não.

Filósofos não-existencialistas tipicamente desdenham a suposta indagação de Heidegger, descartando-a como maluquice existencialista costumaz. Eles aparentemente não percebem que, ao defender que fatos são contingentes, cometem o mesmo erro. Quando alegam que fatos poderiam acontecer de outra maneira, estão alegando que a *existência* poderia também acontecer de outra maneira. Zombam dos existencialistas por projetarem uma alternativa para a *existência* da existência, no entanto, passam seu tempo projetando alternativas à *identidade* da existência.

Enquanto o clamor dos existencialistas para saber o porquê de existir algo e não o nada, a resposta dos não-existencialistas (por implicação) é a seguinte: "Essa é uma pergunta ridícula. Claro que existe alguma coisa. A pergunta verdadeira é: por que o algo é o que é ao invés de ser outra coisa?".

Uma das maiores fontes de confusão, nessa questão, é o fracasso em discernir fatos *metafísicos* de *fatos criados pelo homem* – isto é, fatos que são inerentes às identidades daquilo que existe, daqueles que dependem do exercício da volição humana. Por causa do livre-arbítrio do homem, nenhuma escolha humana – e nenhum fenômeno que seja produto dessa escolha – é metafisicamente necessária. Em relação a qualquer fato criado pelo homem, é válido alegar que ele já tomou uma decisão, mas não o fez por ser inerente à sua natureza de existência; ele poderia ter feito outra escolha. Por exemplo, os EUA não precisavam ter 50 estados; poderiam tê-lo subdivido em estados maiores ou consolidado os menores, etc.

A escolha, no entanto, não é acaso. Volição não é uma exceção à lei da causalidade; é um tipo de causa. Além disso, fatos metafísicos são inalteráveis pelo homem e limitam as alternativas abertas à sua escolha. O homem pode reorganizar os materiais que existem na realidade, mas ele não pode violar as identidades deles, pois não pode fugir das leis da natureza. "Para comandar a natureza, deve-se obedecê-la".

Apenas em questão ao que é criado pelo homem é válido alegar: "Ele existe, mas poderia não existir". Mesmo aqui, o termo "contingente" é altamente errôneo. Historicamente, o termo tem sido usado para designar uma categoria metafísica de escopo muito maior do que o âmbito da ação humana; e ele sempre foi associado a uma metafísica que, de um jeito ou de outro, nega os fatos de identidade e causalidade. A terminologia "necessário – contingente" serve apenas para introduzir confusão e deve ser abandonada. O que é preciso nesse contexto é fazer a distinção entre o "metafísico" e o "criado pelo homem".

A existência da volição humana não pode ser usada para justificar a teoria de que há uma dicotomia de *proposições* ou de *verdades*. Proposições sobre fatos metafísicos e proposições sobre fatos criados pelo homem não precisam ter características diferentes do que as *proposições*. Eles se diferem apenas em seus assuntos, mas assim também funcionam as proposições de astronomia e imunologia. Verdades sobre fatos metafísicos e sobre fatos criados pelo homem são aprendidas e validadas pelo mesmo processo: por observação; e, *sendo verdades*, ambos são igualmente necessários. Alguns fatos não são necessários, mas todas as *verdades* são.

A verdade é a identificação de um fato da realidade.

Independente do fato em questão ser metafísico ou criado pelo homem, ele determina a verdade: se o fato existe, não há alternativa quanto ao que é verdade. Por exemplo, o fato de que os EUA têm 50 estados não era metafisicamente necessário, mas desde que essa é uma escolha humana, a proposição que "Os EUA têm 50 estados" é necessariamente verdade. Uma proposição verdadeira deve descrever os fatos como são. Nesse sentido, uma "verdade necessária" é uma redundância e uma "verdade contingente" é uma autocontradição.

Lógica e Experiência

Através da história, a filosofia foi despedaçada pelo conflito entre os racionalistas e os empiristas. Os primeiros enfatizam o papel da lógica na aquisição de conhecimento do homem, enquanto minimizam o papel da experiência; os segundos alegam que a experiência é a fonte do seu conhecimento, enquanto minimizam o papel da lógica. Essa divisão entre lógica e experiência é institucionalizada na teoria da dicotomia sintético-analítica.

Declarações analíticas supostamente são independentes da experiência. São proposições "lógicas". Declarações sintéticas, por outro lado, são desprovidas de necessidade lógica. São proposições "empíricas".

Qualquer teoria que proponha uma oposição entre o lógico e o empírico, representa a falha em compreender a natureza da lógica e seu papel na cognição humana. O conhecimento do homem não é adquirido pela lógica alheia à experiência, ou pela experiência alheia à lógica, mas pela *aplicação da lógica à experiência. Todas* as verdades são o produto de uma identificação lógica dos fatos da experiência.

O homem nasce como *tabula rasa*. Todo seu conhecimento é baseado e derivado da evidência de seus sentidos. Para alcançar o nível de discernimento humano de cognição, o homem precisa conceituar seus dados perceptuais – e a conceituação é um processo que não é nem automático nem infalível. O homem precisa descobrir um método para guiar esse processo para que produza conclusões que correspondam aos fatos da realidade – ou seja, representa o conhecimento. O princípio na base do próprio método é o fundamental da metafísica: o princípio da identidade. Na realidade, contradições não podem existir. Em um processo cognitivo, uma contradição é a prova de um erro. Eis então o método que o homem deve seguir: identificar os fatos que ele observa de modo não-contraditório. Esse método é lógico "a arte da identificação não-contraditória"[32]. A lógica deve ser empregada em cada passo do desenvolvimento conceitual de um homem, da formação de seus primeiros conceitos à descoberta das leis e teorias científicas mais completas. Apenas quando uma conclusão é baseada em identificação não-contraditória e integração de todas as evidências disponíveis em um dado momento, ela pode se qualificar como conhecimento.

A falha em reconhecer que a lógica é o método de cognição humano produziu uma série de divisões e dicotomias artificiais que representa reformulações da dicotomia sintético-analítica em vários aspectos. Três em específico são prevalentes atualmente: a verdade lógica *versus* verdade factual; o logicamente possível *versus* empiricamente possível; *a priori versus a posteriori*.

A dicotomia lógico-factual opõe verdades que são validadas "simplesmente" pelo uso da lógica (as analíticas), das verdades que descrevem os fatos de experiência (as sintéticas). Está implícita nessa dicotomia a visão de que a lógica é um jogo subjetivo, um método para manipular símbolos arbitrários, não um método para adquirir conhecimento.

É o uso da lógica que permite ao homem determinar o que é ou não um fato. Introduzir uma oposição entre o "lógico"

---

[32] Ayn Rand em: *A Revolta de Atlas.*

A DICOTOMIA SINTÉTICO-ANALÍTICA

e o "factual" é criar uma divisão entre consciência e existência, entre verdades em acordo com o método de cognição humana e verdades em acordo com os fatos da realidade. O resultado de tal dicotomia é que a lógica é separada da realidade ("Verdades lógicas são vazias e convencionais") e esta se torna incognoscível ("Verdades factuais são contingentes e incertas"). Isso culmina na alegação de que o homem não tem método de cognição, isto é, não há como adquirir conhecimento.

A aquisição de conhecimento, como observou Ayn Rand, envolve duas questões fundamentais: *"O que eu sei?"* e *"Como eu sei disso?"*. Os defensores da dicotomia lógico-factual dizem, com efeito: "Você não tem como saber 'o quê' porque não há o 'como'" (esses mesmos filósofos alegam saber a verdade de suas posições por meio de argumentos lógicos irrespondíveis).

Para compreender a natureza do seu procedimento epistemológico, considere um matemático alegando que há uma dicotomia entre dois tipos de verdade quanto ao acréscimo de colunas de números: verdades que declaram a soma corrente de uma dada coluna *versus* verdades alcançadas pela aderência às leis de adição – as "verdades adicionais" contra as "verdades aditivas". As primeiras representam as somas correntes, que, no entanto, infelizmente são sem comprovação e incognoscíveis, já que não podem ser alcançadas por métodos de adição; as segundas, que são perfeitamente certas e necessárias, são infelizmente uma criação da fantasia subjetiva, sem relação com somas correntes no mundo real (a essa altura, um matemático pragmático surge e traz sua "solução": "Somar", ele nos diz, "pode ser subjetivo, mas funciona". Por que funciona? Como ele sabe que funciona? E quanto amanhã? "Essas perguntas", ele responde, "são infrutíferas").

Se matemáticos aceitassem essa doutrina, o passo seguinte seria a destruição da matemática. Quando filósofos aceitam essa doutrina, as mesmas consequências podem ser esperadas, com apenas essa diferença: o âmbito da filosofia abarca a totalidade do conhecimento humano.

Outra reformulação da dicotomia sintético-analítica é a visão que opõe o "logicamente" possível e o "empiricamente" possível.

Se a proposição de que um dado fenômeno existe não é autocontraditória, então, esse fenômeno, supostamente, é "logicamente" possível. Se a proposição é autocontraditória, então, o fenômeno é "logicamente" impossível. Determinados fenômenos, no entanto, embora logicamente possíveis, são contrários às leis "contingentes" da natureza, o que os homens descobrem por meio da experiência. Estes fenômenos são "empiricamente", mas não "logicamente", impossíveis. Portanto, um solteirão casado é "logicamente" impossível, porém um solteirão que pode voar até a Lua apenas agitando seus braços é, simplesmente, "empiricamente" impossível (isto é, a proposição de que esse tal solteirão exista não é autocontraditória, mas esse homem não está em acordo com as leis que governam o universo).

A base metafísica dessa dicotomia é a premissa de que uma violação das leis da natureza não envolve uma contradição. No entanto, como vimos, as leis da natureza são inerentes às identidades das entidades existentes. Uma violação das leis da natureza exigiria que uma entidade agisse em contradição com sua identidade, ou seja, exigiria a existência de uma contradição. Projetar tamanha violência é endossar a visão "miraculosa" do universo, conforme discutido previamente.

A base epistemológica dessa dicotomia é a visão de que um conceito consiste apenas de sua definição. De acordo com a dicotomia, é logicamente não permitido contradizer a definição de um conceito; o que alguém determina por meio disso é "logicamente" impossível. No entanto, contradizer quaisquer características *não-definidoras* dos referentes de um conceito é con-

A DICOTOMIASINTÉTICO-ANALÍTICA

siderado logicamente permitido; o que alguém determina nesse caso é, simplesmente, "empiricamente" impossível.

Portanto, um "solteirão casado" contradiz a definição de "solteirão" e, dessarte, é considerado "logicamente" impossível. No entanto, um "solteirão que pode voar até a Lua apenas agitando seus braços" é considerado "logicamente" possível, porque a *definição* de "solteirão" ("um homem que não é casado") não especifica seu método de locomoção. O que é ignorado aqui é o fato de que o conceito "solteirão" é uma subcategoria do conceito "homem", e que como tal inclui todas as características da entidade "homem", que excluem a habilidade de voar agitando os braços. Somente ao reduzir um conceito a sua definição, e se evadindo de todas as outras características de seus referentes, alguém pode fazer tais projeções sem envolver uma autocontradição.

Aqueles que tentam distinguir o "logicamente" possível e o "empiricamente" possível frequentemente defendem que o "logicamente" impossível é inimaginável ou inconcebível, enquanto o meramente "empiricamente" impossível é, ao menos, imaginável ou concebível, e que essa diferença sustenta a distinção. Por exemplo, "gelo que não é sólido" (uma impossibilidade "lógica") é inconcebível, mas "gelo que afunda na água" (uma impossibilidade meramente "empírica") é, pelo menos, concebível, segundo eles, embora não exista. Um indivíduo precisa apenas visualizar um bloco de gelo flutuando na água e repentinamente mergulhando ao fundo.

Esse argumento confunde Walt Disney (1901-1966) com metafísica. Um homem pode projetar uma imagem, ou um desenho animado, em variância com os fatos da realidade, sem alterar tais fatos. Ele não altera a natureza ou as potencialidades das entidades que existem. Uma imagem de gelo afundando na água não altera a natureza do gelo, e nem constitui evidência de que é possível o gelo afundar na água. É apenas evidência da capacidade humana de se envolver com a fantasia. E fantasia não é uma forma de cognição.

Além disso, o homem possuir a capacidade de fantasiar não significa que o oposto de verdades demonstradas é "imaginável" ou "concebível". Em um sentido epistemológico mais sério da palavra, ele *não consegue* conceber o oposto de uma proposição que sabe ser verdade (como alheio a proposições lidando com fatos criados pelo homem). Se uma proposição declarando um fato metafísico for demonstrada como verdadeira, isso significa que foi demonstrado ser inerente às identidades das entidades em questão, e qualquer alternativa a ela exigiria a existência de uma contradição. Apenas a ignorância ou a fuga poderiam permitir ao homem tentar projetar uma alternativa. Se ele não sabe que um determinado fato foi demonstrado, não saberá que sua negação envolve uma contradição. Se souber, mas lhe falta o conhecimento e abandona seu contexto cognitivo pleno, não há limite ao que ele pode fingir conceber. No entanto, o que um indivíduo pode projetar por meio de ignorância ou fuga é filosoficamente irrelevante. Não constitui uma base para instituir duas categorias separadas de possibilidade.

Não há distinção entre o "logicamente" e o "empiricamente" possível (ou impossível). Todas as verdades, como eu disse, são o produto de uma identificação lógica dos fatos da experiência. Isso vale tanto para a identificação de possibilidades quanto de atualidades.

A mesma consideração invalida a dicotomia entre *a priori* e *a posteriori*. De acordo com essa variante, determinadas proposições (as analíticas) são validadas *independente de experiência*, simplesmente por uma análise das definições de seus conceitos constituintes – essas proposições são "*a priori*". Outras (as sintéticas) são dependentes da experiência para sua validação – elas são "*a posteriori*".

184

A DICOTOMIA SINTÉTICO-ANALÍTICA

Como vimos, definições representam condensações da riqueza de observações, ou seja, uma riqueza de conhecimento "empírico", e podem ser alcançadas e validadas apenas à base da experiência. Portanto, é incoerente contrastar proposições que são verdadeiras "por definição" e proposições que são verdadeiras "por experiência". Se uma verdade "empírica" é derivada de e validada por referência a observações perceptuais, então, todas as verdades são "empíricas". Uma vez que a verdade é a identificação de um fato da realidade, uma "verdade não-empírica" seria uma identificação de um fato da realidade que é validado independentemente da observação da realidade. Isso implicaria uma teoria de ideias inatas, ou alguns construtos igualmente místicos.

Aqueles que alegam discernir proposições *a priori* e *a posteriori* comumente alegam que determinadas verdades (as sintéticas, factuais) são *"empiricamente falseáveis"*, enquanto outras (as lógicas, analíticas) não são. No caso das primeiras, segundo eles, pode-se especificar experiências que, caso ocorram, invalidariam a proposição; o que, no caso das segundas, não seria possível. Por exemplo, a proposição "gatos só dão à luz a gatinhos" é "empiricamente falseável" porque pode-se inventar experiências que a refutariam, como no espetáculo de pequenos elefantes emergindo do útero de uma gata. No entanto, a proposição "gatos são animais" não é "empiricamente falseável" porque "gato" é *definido* como uma espécie de animal. No primeiro exemplo, a proposição continua verdadeira apenas enquanto a experiência continua sustentada; portanto, depende da experiência, ou seja, é *a posteriori*. No segundo, a verdade da proposição é imune a qualquer mudança imaginável em experiência e, portanto, é independente da experiência, é *a priori*.

Observe a inversão proposta por esse argumento: uma proposição pode se qualificar como uma verdade factual e *empírica* apenas se o homem for capaz de evitar os fatos da experiência e arbitrariamente inventar um conjunto de circunstâncias impossíveis que contradigam esses fatos; contudo, a verdade cuja oposição vai além do poder de invenção humana é considerada como independente e irrelevante à natureza da realidade, ou seja, um produto arbitrário de "convenção" humana.

Assim também é a consequência inevitável da tentativa de separar lógica e experiência.

Como eu disse, o conhecimento não pode ser adquirido por experiência sem lógica, nem a lógica sem experiência. Sem o uso de lógica, o homem não tem um método para chegar a conclusões a partir de seus dados perceptuais. Ele fica confinado a observações ao nível do alcance, mas qualquer fantasia perceptual que lhe ocorra se qualifica como uma futura possibilidade que pode invalidar suas proposições "empíricas". E, sem referência aos fatos da experiência, não tem base para suas proposições "lógicas", que se tornam meros produtos arbitrários de sua própria invenção. Separado da lógica, o exercício arbitrário da imaginação humana sistematicamente dissolve o "empírico"; e essa mesma imaginação, quando separada de fatos da experiência, arbitrariamente cria o "lógico".

Eu desafio qualquer um a inventar um jeito mais minucioso de invalidar *todo* o conhecimento humano.

Conclusão

O resultado definitivo da teoria da dicotomia sintético-analítica é o seguinte veredicto pronunciado sobre a cognição humana: se a negação de uma proposição é inconcebível, se não há possibilidade de que qualquer fato da realidade possa contradizê-lo, ou seja, se a proposição representa um conhecimento que é *certo*, então, não representa conhecimento da realidade. Em outras palavras, se uma proposição não pode estar errada, ela não pode estar certa. Uma proposição se qualifica como fac-

A DICOTOMIA SINTÉTICO-ANALÍTICA

tual apenas quando ela atesta fatos que ainda podem ser desconhecidos, isto é, apenas quando representa uma hipótese. Caso a hipótese seja provada e se torne uma certeza, ela para de se referir a fatos e para de representar conhecimento da realidade. Se uma proposição é demonstrada conclusivamente – de modo que negá-la é obviamente endossar uma contradição lógica – então, *em virtude desse fato,* a proposição é despachada como um produto de convenção humana ou capricho arbitrário.

Isso quer dizer que *uma proposição é considerada como arbitrária precisamente porque ela foi provada logicamente.* O fato de que uma proposição não pode ser refutada a refuta (ou seja, a remove da realidade). Uma proposição pode reter uma concepção para fatos apenas até o ponto em que ela não tenha sido validada pelo método de cognição do homem, ou seja, pelo uso da lógica. Assim, a prova se torna o elemento desqualificador de conhecimento e o conhecimento se torna uma função da ignorância humana.

Essa teoria representa uma total inversão epistemológica ao penalizar o sucesso cognitivo por ser sucesso. Assim como a mentalidade altruísta penaliza o bem por ser bom, a mentalidade sintético-analítica penaliza o conhecimento por ser conhecimento. Da mesma forma, de acordo com o altruísmo, um homem só merece o que não ganhou, então, de acordo com essa teoria, ele merece declarar como conhecimento apenas o que não provou. Humildade epistemológica se torna o pré-requisito da cognição, pois os fracos herdarão "a verdade".

O maior filósofo responsável por essas inversões é Kant. O seu sistema secularizou o misticismo dos séculos anteriores e lhe deu uma nova concessão à vida no mundo moderno. Na tradição religiosa, verdades "necessárias" são normalmente consideradas consequências do modo de pensar de Deus. Kant substituiu a "estrutura inata da mente humana" por Deus como fonte e criadora das verdades "necessárias" (que, assim, se tornaram independentes dos fatos de realidade).

Os filósofos do século XX mal rascunharam as consequências finais da visão kantiana. Eles atestaram que se é o modo de pensar do homem (independente da realidade) que cria verdades "necessárias", então, elas não são fixas nem absolutas. Os homens têm uma escolha em relação a seus modos de pensar; o que a mente deu, a mente tirou. Portanto, é o ponto de vista dos convencionalistas temporários.

Só podemos saber do âmbito "fenomenal" criado pela mente, de acordo com Kant, e em relação à realidade, o conhecimento é impossível. Podermos ter certeza somente de dentro do âmbito de nossas próprias convenções, segundo os modernos; em relação a fatos, a certeza é impossível.

Os modernos representam um desenvolvimento consistente e lógico das premissas de Kant, ou seja, mais escolha – um kantianismo voluntarístico, um kantianismo adorador de caprichos. O filósofo prussiano marcou as cartas e tornou o raciocínio um agente de distorção. Os modernos jogam com o mesmo baralho e, além disso, sua contribuição é jogar com coringas.

Agora observe o que resta da filosofia em consequência desse neo-kantianismo.

A metafísica foi praticamente obliterada. Seus oponentes mais influentes declararam que afirmações da metafísica não são analíticas nem sintéticas e, portanto, são insignificantes.

A ética foi virtualmente banida do âmbito da filosofia quando alguns grupos alegaram que afirmações éticas não são analíticas nem sintéticas, mas apenas "ejaculações emotivas". Já outros resignaram a ética ao homem da rua, alegando que filósofos podem analisar a linguagem de declarações éticas, no entanto, não são competentes para prescreverem normas éticas.

A política foi descartada por virtualmente todas as escolas filosóficas; uma vez que lida com valores, ela foi relegada ao mesmo *status* da ética.

A DICOTOMIA SINTÉTICO-ANALÍTICA

A epistemologia, a teoria do conhecimento, a ciência que define as regras pelas quais o homem adquire conhecimento de fatos, foi desintegrada pela noção de que fatos estão sujeitos a proposições "sintéticas", "empíricas" e, portanto, estão fora do âmbito da filosofia, resultando no abandono das ciências especiais que agora estão boiando em uma maré crescente de irracionalismo.

O que testemunhamos é o autoextermínio da filosofia.

Para reaver o âmbito da filosofia, é necessário desafiar e rejeitar as premissas fundamentais que são responsáveis pelo desfalque atual. Um passo maior nessa direção é a eliminação do portador da morte conhecido como dicotomia sintético-analítica.

ÍNDICE REMISSIVO E ONOMÁSTICO

A

abordagem nominalista platônica 163
abstração 43
abstratos 11
ação 72
Adjetivos 51
Advérbios 51
A.J. Ayer 160
amor 77
Análise Linguística 137
animal 63
anticonceitos 128
Aprender a falar 58
Aristóteles 101, 173
atributos 49

automatização 121
avaliação 72
Ayn Rand 183

B

Bertrand Russel 99

C

capitalismo 153
caso limítrofe 129
ceticismo 140
ciência conceitual 109
código moral 75
cognição 37
conceito 43, 122
conceitos 121
conceitos axiomáticos 107

conceitos extrospectivos 74
conceitos introspectivos 74
conceituação 90, 165
concreto perceptual 44
concretos 11
conhecimento 31, 39, 78, 124
conhecimento \"não-processado\"
   143
Conjunções 51
conotação 173
consciência 35, 36
consciência inefável 141
conteúdo 72
conteúdo cognitivo de abstrações 65
contexto 90
contingentes 158
convencionalistas temporários 190
convenções linguísticas 160
corrente conceitualista 13
corrente dos realistas moderados 13
corrente nominalista 13
corrente nominalista extrema 13
corrente platonista 12

D

dados perceptuais 121
David Hume 155
dedução 67
definição 87
definição ostensiva 88
Denominador Comum Conceitual
   49
denotação 173
desintegração epistemológica 128
Deus 141, 178, 189
dicotomia \"analítica-sintética\" 137
dicotomia contingente-necessária
   176

dicotomia essência-acidente 163
dicotomia factual-sintética 169
dicotomia lógica-analítica-tautológica
   169
dicotomia lógico-factual 182
dicotomia sintético-analítica 154,
   155, 158, 160, 161, 163, 164,
   175, 181, 182, 184, 188, 191
differentia 44, 89

E

economia de unidades 120
ejaculações emotivas 190
embrutecimento cognitivo 128
emoção 73, 74
empiricamente falseável 187
entidade 36
era pós-kantiana 176
era pré-kantiana 176
erro epistemológico 175
erro metafísico 175
escopo 74
espécie 89
Ética 100
existência 14
Existencialismo 113
experimento 117
Extrospecção 71

F

ferramenta de cognição 125
frases descritivas 129
Friedrich Hegel 113
fundamentalidade 93

G

genus 44, 89
George Berkeley 142

ÍNDICE REMISSIVO E ONOMÁSTICO

Gottfried Leibniz 154, 155, 158

gramática 80

H

Hector Hawton 114

Heidegger 22, 179

Henry Mansel 142

hierarquia 74

homem 63

I

identidade 36, 83

identificação conceitual 67

imaginação 73

Immanuel Kant 15, 113, 114, 137,
141, 142, 150, 154, 155, 157,
175, 189

impressão 35

indução 67

integração de conhecimento 88

intrínsecos 102

Introspecção 72

intuição 162

inversão epistemológica 189

J

James Taggart 78

Jean-Paul Sartre 113

John Galt 164

justiça 100

L

linguagem escrita 47

Lionel Ruby 173

Ludwig Wittgenstein 138

M

Martin Heidegger 113

Matemática 38

material 50

memória 73

Mensuração 38, 75

mensuração teleológica 75

metafísica supernaturalista 178

método psico-epistemológico 53

mobília 60

movimento 51

N

não-existência 111

necessidade psicoepistemológica 120

neo-kantianismo 190

O

Objetivismo 101

objetivos 103

onisciência 94

organismo 63

P

papel cognitivo 118

papel da linguagem 57

pensamento 73, 74

percepção 35, 72

Pitágoras 155

Platão 12, 155, 162, 163, 173

precisão epistemológica 125

Preposições 51

princípio da identidade 182

problema dos universais 11

Pronomes 51

Proposições sintéticas 157

Protágoras 31, 39

R

realidade 110

reductio ad absurdum 138
Reificação do Zero 113
Renascença 124
requisitos de um padrão de mensuração 38
requisitos utilitários 46

S

Samuel Beckett 113
semelhanças 73
sensações 88
Sensações 109
sentido extensional 173
sentido intensional 173
Sócrates 173
subjetivos 102
supernaturalismo não científico 162

T

tabula rasa 181
tautologia 168

tautologias 157
teoria platônica dos universais 162
terminologia \"necessário – contingente\" 180
Thomas Hobbes 155

U

unidade 36
universal platônica desincorporada 174

V

validade objetiva 94
Verdades analíticas 156
visão kantiana 190
visão nominalista 171
visão racional 172

W

Walt Disney 185
William Barrett 113

Acompanhe a LVM Editora nas Redes Sociais

https://www.facebook.com/LVMeditora/

https://www.instagram.com/lvmeditora/

Esta obra foi composta pela Spress em
Playfair Display (texto) e Quartz (título).
para a LVM em agosto de 2022.